創価大学駅伝部 獅子奮迅2024

CONTENTS

私と箱根駅伝

榎木 和貴

（創価大学駅伝部監督）

あこがれの箱根駅伝 1年生で区間賞に輝く

　箱根駅伝を初めて意識したのは、宮崎県立小林高校陸上部の時代です。食事の時間に冨永博文《とみながひろふみ》監督（当時）が箱根駅伝のビデオを見せてくれました。冨永監督は、中央大学代表として箱根駅伝に出場した経験があります。先頭争いをしている監督の姿を映像で見ているうちに、「自分もあの舞台で走りたい」という思いが湧《わ》き上がってきました。

　1993年に中央大学へ進学すると、「どの区間でもいいから箱根駅伝で走りたい」と、練習に励みました。ギリギリ10番目でエントリーメンバーに入った私は、94年正月の箱根駅伝で復路の8区を走ることになったのです。

　箱根駅伝の舞台は、想像以上の熱狂《ねっきょう》でした。沿道にはものすごい数の観客が集まっています。平塚から戸塚まで21・4キロ㍍の道のりでは、途《と》切《ぎ》れることなく声援が飛び交《か》い、自分の息の音さえ聞こえないくらいで、「これが箱根駅伝なのか」と圧倒《あっとう》されたものです。

　1年生の箱根では区間賞を取ったものの、区間新記録まであと11秒でした。戦略的《せんりゃくてき》に走れていれば、あのとき区間記録を更新《こうしん》できていたかもしれませんが、初めての箱根は無《む》我《が》夢《む》中《ちゅう》で、自分のペースを守って走ることしか考えられませんでした。後《あと》から、〝もう少しで区間新だった〟と聞いて「ああ、惜《お》しいことをした」と悔《くや》しい思いをしました。

　2年生になった翌95年の箱根駅伝では再び8区に挑戦。区間賞とともに区間新記録を出せたのは戦略的に攻めていった賜物《たまもの》です。この年の箱根は復路優勝、総合3位という結果でした。

「来年の箱根は絶対総合優勝を勝ち取るぞ」との決意でスタートしました。

チーム一丸となって 総合優勝をつかむ

　いまの箱根駅伝常連校《じょうれんこう》の選手たちは信じられないと思いますが、私が在学中は、中央大学はスタッフがつきっきりで毎日指導してくれるわけでは

えのき・かずたか／1974年生まれ。宮崎・小林高校時代、全国高校駅伝に3年連続出場し、3年のとき、1区3位。中央大学在学中は箱根駅伝で4年連続区間賞を獲得。卒業後は旭化成に進み、2000年の別府大分毎日マラソンを2時間10分44秒で優勝。実業団指導者を経て2019年から現職。

ありませんでした。コーチが練習を見に来るのは週末の土日だけでしたし、毎日の練習は、ほぼ学生だけでやっていたのです。

　ですから、監督やコーチの指示や指導に従《したが》ってチームが回っていたわけではありません。選手主体で箱根を目指していましたから、「来年は絶対優勝するぞ」と選手同士で声をかけ合い、優勝するために何が必要かを常に考えて行動していきました。

　3年生になった96年の箱根駅伝では、初めて往路4区を走りました。4年連続で花の2区を走った同期のエース・松田和宏《かずひろ》（現・学法石川高校陸上部監督）と2人でチームを引っ張る思いで頑張り、念願の総合優勝を勝ち取ることができました。

　私はいつも、創価大学駅伝部の選手たちに、当時の自分の経験を語りながら、「監督やコーチからの発信を待《ま》って動くのではなく、自分たちがどうなりたいかを常に考えて動かないと、とても目標は達成できないぞ」とアドバイスしています。指示待ちで受け身の姿勢ではなく、主体者として行動しなければチーム全体で勝利できない――彼らは、この大切なポイントをしっかり理解して動いてくれています。

　余談《よだん》ですが、宮崎県には民放テレビ局が2局（宮崎放送とテレビ宮崎）しかないため、当時の宮崎では、箱根駅伝の往路はテレビ放映がなく、復路しかテレビで見ることができませんでした。

　ですから、私が復路を走った1、2年時には、たくさんの地元の友人・知人から「見たよ」「よかったな」などと声をかけられたのですが、3年時に往路を走った際には、4区で区間賞を獲得《かくとく》し、チームが総合優勝したにもかかわらず、地元では「あれ、今年箱根走った？」とか「チームは優勝したみたいだけど、（榎木は）走っていなかったよね」などと言われたことは笑い話です。

坐骨神経痛と貧血
4年生のスランプ

　3年生の箱根駅伝で区間賞を獲得し、主将に就任《しゅうにん》。96年2～3月は30キロメートルのロードレースで記録を出し、4年生に進級した直後の4～5月の試合では、5000メートルと1万メートルで自己記録を更新しています。

　「今年はもっと上のレベルで勝負できそうだ」と自信がついてきた矢先、無理がたたって故障してしまいました。坐《ざ》

第72回大会（1996年）で中央大学が総合優勝。チームの仲間と喜ぶ（前列左から3人目、眼鏡をかけているのが榎木和貴選手）

骨神経痛《こつしんけいつう》がひどくなり、6月以降の試合でまったく走れなくなってしまったのです。「1カ月ぐらい休めばなんとかなるだろう」と思っていたところ、7月も8月もまったく走れず。坐骨神経痛だけでなく貧血《ひんけつ》にも苦しみ、夏の練習は全然できませんでした。

しばらくチームから離《はな》れて治療とリハビリ練習に専念し、4年生の9月からようやく合同練習に復帰しました。あのころは、普段《ふだん》負けるはずのない相手にレースで簡単に負けてしまうなど、頭の中のイメージと走りがまったく噛《か》み合っていませんでした。

そんな状態でしたから、10月の出雲駅伝には出場できませんでした。メンバーに入ったとしても、チームに迷惑をかけることは確実でしたから、外《はず》れたのは当然でした。中央大学は出雲駅伝で最後まで競《せ》り合ったものの、惜しくも優勝を逃《のが》してしまいます。「自分が絶好調で走っていれば勝てたかもしれない」と思うと、重い責任を感じました。

「11月の全日本大学駅伝はなんとしても走らなければ」と準備して、4区に臨《のぞ》んだものの、結果は区間10位。自分がブレーキとなり、チームは総合9位に終わりました。

全日本大学駅伝のあと、就職が内定していた旭化成《あさひかせい》陸上部に12月上旬から2週間ほど合流しました。貧血の治療をしながら10マイル（約16・09キロ㍍）レースを走ったりしてみたものの、各大学が激しく競り合う箱根駅伝を走れる状態ではありませんでした。

「この状態では箱根で戦えない」と判断した私は、大学に戻り、木下澄雄《きのしたすみお》監督（当時）に「箱根のメンバーから外してください」と直訴《じきそ》しました。

「全日本大学駅伝と同じ失敗を繰《く》り返すのではないか」との不安に脅《おび》えていたのです。

すると木下監督はこう言いました。

「主将であるお前を中心につくってきたチームだ。絶対外さない。お前をメンバーに入れるからな」

運が味方した最後の箱根駅伝

最後の箱根駅伝に挑戦するからには、当日ギリギリまでやれることを最大限準備するほかありません。それはもう必死でした。

すると大会当日、運が味方したのです。風速7〜8㍍の強風が、向かい風として立ちはだかりました。その強風の中、区間賞争いが繰り広げられていたことが幸いし、私の目の前には大きなテレビ中継車が走っていました。私は中継車をうまく風よけに使いながらレースを展開できたのです。

こうして4区で区間賞を獲得。４年連続区間賞という結果になりましたが、これは木下監督や大志田（秀次）コーチをはじめ、同期の松田（和宏）やチームのみんなに支えられたおかげです。

しかし、当時は連続優勝を狙っていたので、チームとしては総合4位という悔しい結果に終わりました。

創価大学駅伝部の監督に就任

2019年2月、私は創価大学駅伝部の監督に就任しました。当時の創価大学は箱根駅伝のシード権をもっておらず、予選会からのチャレンジです。

監督に就任したとき、4年生の築舘陽介《つきだてようすけ》主将（現・創価大学駅伝部コーチ）から「自分たちは絶対、箱根で走りたい。なんとか連れて行ってください」と熱い思いを聞きました。

「簡単な挑戦じゃないぞ」と言いながらも、「こういう取り組みを重ねていけば、予選突《とっ》破《ぱ》は夢ではない」と、少しずつ選手と課題を詰《つ》めていった結果、自己ベストを出す選手が増えていきました。

そして10月には予選を5位で突破し、第96回大会（20年）では総合9位という結果を残せたのです。こうして創価大学は、史上初めて箱根駅伝のシード権を獲得しました。

監督就任2年目の20年春からは新型コロナが吹《ふ》き荒《あ》れ、活動や練習が制限されました。公式のレースや競技会が開催されない分、学内でのタイムトライアルを行うなど、試行錯誤《しこうさくご》をしながら、「いま、自分たちにできることをやっていこう」と練習に取り組むなかで、第97回大会（21年）では、往路優勝と総合準優勝という思いもよらない結果を出せました。

「みんなが本気になれば、ここまですごい結果が出せる」

創価大学駅伝部にとって大きな転機《てんき》となりました。

第73回大会（1997年）で 4区を走り、区間賞を獲得

▼箱根駅伝における榎木和貴選手の記録

学年	区間	区間タイム	区間順位	チーム総合成績
1年 第70回大会（1994年）	8区	1時間06分31秒	1位（区間賞）	4位
2年 第71回大会（1995年）	8区	1時間06分03秒	1位（区間賞・区間新）	3位
3年 第72回大会（1996年）	4区	1時間02分15秒	1位（区間賞）	優勝
4年 第73回大会（1997年）	4区	1時間06分03秒	1位（区間賞）	4位

足が折れても走る エース・葛西の覚悟

第99回大会の3週間前（22年12月）に、4年生のエース・葛西《かさい》潤《じゅん》（現・旭化成）が左脛《ひだりすね》を疲労骨折しました。「箱根を4回走る」との覚悟で創価大学に入ってきた葛西は、箱根に自分のすべてを懸《か》けていましたから、私の口からは「（箱根に）出ろ」とも「出るな」とも言いませんでした。本人の意志を尊重《そんちょう》したかったからです。

「足が折れていました。でも、あきらめるつもりはありません」ときっぱり言い切る葛西に、「俺もあきらめていない。最後までできることをやろう」と励まし、「よし！ 葛西が行くと決めたからには背中を押すだけだ」と、私自身も肚《はら》をくくり、共《とも》に戦っていったのです。

それから練習ごとに足の状態を確認しました。少しずつ痛みが和《やわ》らいで、手応《てごた》えのある練習ができたときには「大丈夫か？」「大丈夫です。これだったら行けます」ということで、「7区でしっかりとつなぐ走りをしてくれ」と言いました。

そして、当日は復路7区で見事、区間賞を獲得。執念《しゅうねん》の走りで4年連続シード権獲得を大きく後押《あとお》ししてくれたのです。

今後5年以内に 箱根駅伝総合優勝

監督5年目に入った今季は、「創・攻・主～ゼロからの挑戦～」というチームスローガンを掲《かか》げ、これまで積み上げてきた実績を一度すべてリセットするつもりで、新たな取り組みを開始しました。

いま、最も重点を置いているのは、選手各人のスピード強化です。実業団の選手と走る機会を増やしたり、選手をケニア合宿に送り出したりしながら、より高いレベルの勝負ができるところまでチームの力が高まってきました。

今後5年以内の箱根駅伝総合優勝を目標に掲げ、挑戦者の思いで戦っていきます。

Topics

縦割り班紹介❶

築舘陽介《つきだてようすけ》コーチが主将時代（2019 年）に創設した縦割《たてわ》り班《はん》。受け継《つ》がれてきた伝統のもと、今季は榎木監督と執行部が、「1 年生の環境をよくしたい。4 年生も含めた成長を期待したい。縦割り班ごとの特色を出したい」（志村健太《しむらけんた》主将、以下同）というビジョンを描《えが》いた。はじめに班長を決め、部員から希望する班を３～４候補、投票してもらう。

「執行部は投票前に、〝だれがどの班に入ってほしいか〟という共通認識をもっていましたが、ほぼ想定通りの班ができ上がりました」

ただ仲がよいだけの集いではない。

「縦割り班の中で壁《かべ》にぶつかり、刺激《しげき》を受けてほしいと思っています」

選手たちの個性を的確につかむ主将のもと、選手ファーストの体制が今季もスタートした。

志村班

前列中央が
志村健太、
後列左から、
西森燎、榎木真央、
中村拳士郎、吉田響、
大岩準

森下班

前列左から、
篠原一希、小池莉希、
森下治、
後列左から、
志賀華姫、野沢悠真、
安坂光瑠、溝口泰良

第100回 箱根駅伝の展望と見どころ

2024年に第100回大会を迎える東京箱根間往復大学駅伝競走。今回は記念大会のため、通常より3校多い23チームが出場する（関東学生連合は編成されない）。前回大会で10位以内に入った10チームがシード権を獲得《かくとく》。関東地区以外の大学も参加した10月14日の予選会を13チームが突破《とっぱ》した。

今大会は昨季、悲願《ひがん》の駅伝三冠を達成した駒澤大学が優勝候補の筆頭《ひっとう》だ。山区間を含む前回メンバーが7人残っており、10月9日の出雲駅伝も大会新記録で完勝した。

また、2年連続で箱根路を爆走しているエース吉居大和《よしいやまと》（4年）を擁《よう》する中央大学が28年ぶりの総合優勝を目指している。ほかにも國學院大学、青山学院大学、早稲田大学、城西《じょうさい》大学などが上位を狙《ねら》っており、今大会も見応《みごた》えのあるレースが繰《く》り広げられるだろう。

例年以上に華《はな》やかな大会となる第100回箱根駅伝。7

回目の出場となる創価大学はどのようなレースを展開するのだろうか。

勢いのある創価大学に注目！

前回は8位に入り、4年連続のシード権を獲得したが、その出走《しゅっそう》メンバー6人が卒業。戦力ダウンもささやかれたが、今年度は「創・攻・主～ゼロからの挑戦～」というチームスローガンのもと、メンバー全員が主体性をもち、実力を磨《みが》いてきた。

その成果をさまざまな大会で見せつけると、10月の出雲駅伝では、すばらしいレースを披露。ふたつの区間賞を獲得して、準優勝に輝《かがや》いたのだ。9月までのトラックレースで5000㍍13分台が14人に増えるなど、選手層は格段《かくだん》に厚くなっている。

2日間のレースを終えて、大学に帰ってきた選手たち（2023年1月3日）

「一番苦手《にがて》とする出雲のスピード駅伝で2位という結果が取れましたが、満足することなく、全日本でも同じ『3位以上』を目標に取り組んでいきたい。今度は1回でもトップに立ちたいと思っています。出雲と全日本の結果が箱根の戦い方にもつながってくる。吉田響《ひびき》のように箱根のほうがもっと勝負できる選手もいます。どのように襷《たすき》をつないでいくのか。戦いのビジョンをチームで共有しながら、選手と一緒に強くなっていきたいと思っています」（榎木監督）

12月10日に発表される登録メンバー16人。そこから晴れ

出雲で手応えをつかんだメンバーは、次なる戦いに向けて意気軒昂だ（前列左からリーキー・カミナ、小池莉希、吉田響、吉田凌、後列左から石丸惇那、山森龍暁、織橋巧、小暮栄輝）

舞台に立つ10人はだれになるのか。

往路から トップ争いを

今回は「3位以内」を目標に掲《かか》げている榎木監督は、「箱根は出遅れられないので日本人で一番調子のいい選手を1区、留学生を2区に配置したい。目標を達成するには、準優勝したときのように往路優勝するくらいの入り方をしていきたい」と考えている。

チームの主力となるのは、今年の出雲駅伝を走った6人だ。榎木監督が最重要視してきた1区には石丸惇那《じゅんな》（2年）が志願している。

前回は10区で区間15位に沈《しず》み、順位を4つ落としたが、今季は5000㍍で13分45秒74の自己ベストをマーク。出雲駅伝も1区を区間5位と好走した。

箱根駅伝では、留学生の起用《きよう》は1人だけという規定があるので、リーキー・カミナ（3年）が2区の候補になるだろう。今季は日本インカレ5000㍍で王者に輝くと、出雲駅伝で初めての襷リレーを経験した。だが、もうひとりの留学生、スティーブン・ムチーニ（1年）や山森龍暁《りゅうき》（4年）も調子次第では花の2区に抜擢《ばってき》されることも考えられる。

3区は前回も経験している山森が有力か。出雲駅伝では4区で区間賞を獲得しており、箱根でも往路のポイント区間を担《にな》うことになりそうだ。ほかにも、9月の絆《きずな》記録挑戦会5000㍍で創価大学日本人最高記録の13分34秒82を叩《たた》き出して、出雲駅伝2区でも区間5位と好走した小池莉希《りき》、日本インカレ5000㍍で7位入賞を果たした織橋巧《おりはしたくみ》の1年生コンビも3区、7区というスピード区間に起用される可能性がある。

また、留学生が7人出場した日本インカレ1万㍍で9位に食い込んだ小暮栄輝《こぐれえいき》（3年）は往路区間を目指している。

かつて嶋津雄大《しまづゆうだい》が3年連続で担った準エース区間の4区にも実力者を投入《とうにゅう》して、榎木監督が自信をもっている「5区」に好位置でつなぎたい。

山区間で勝負へ

今回の創価大学のなかで最もアグレッシブな区間になりそうなのが、山上《やまのぼ》りの5区だ。前回はルーキーだった野沢悠真《ゆうま》が区間13位と踏《ふ》ん張った。今回は前々回大会で7人抜きを成し遂《と》げた吉田響（3年）の起用が有力視《ゆうりょくし》されている。

東海大学時代に1時間10分44秒の区間2位で5区を走破《そうは》した吉田響は、「山の神」を目指して競技続行を決意。昨季までは故障に悩まされてきたが、今季は5000㍍で13分台の自己新をマークするなど、創価大学で〝完全復活〟。8月にはチームで一番の走行距離を踏むと、出雲駅伝は5区で区間記録に2秒差と迫《せま》るタイムで区間賞を獲得している。

「競技をやめることも考えたんですけど、多くの方から励《はげ》ましていただき、創価大学でもう一度、箱根駅伝を目指すことになりました。出雲駅伝を走り、いろんな思いがあふれてきましたが、とにかく楽しかったんです。創価大学に来て、このチームで駅伝をやれることが幸せだなと思っています」

2年ぶりとなる箱根駅伝で吉田響はどんなパフォーマンスを発揮するのか。5区で区間記録（1時間10分04秒）を大きく塗《ぬ》り替《か》えるような爆走を見せ、4区終了時でトップと1分前後の差なら〝大逆転〟も可能。創価大学に「山の神」が降臨《こうりん》するかもしれない。

榎木監督（左）が吉田響（右）の健闘を称える（2023年10月9日　出雲ドーム）

復路候補も充実

一方、山下りの6区は3年連続で好走した濱野将基《はまのまさき》が卒業。新たな選手が出走することになる。

その復路のエースとなりそうなのが、吉田凌《りょう》（3年）だ。今冬にケニア合宿を経験してたくましくなり、関東インカレは二部ハーフマラソンで3位。出雲駅伝は最長6区を区間5位の快走で準優勝のフィニッシュテープを切っている。

さらに、野沢は5区のリザーブを務《つと》めるとともに、4区や8区など上りがポイントとなる区間で活躍が期待できる。

ほかにも長い距離に強い主

東京レガシーハーフでは悪天候のなかでも安定感のある走りを見せた志村健太（2023年10月15日）

将・志村健太《けんた》、前回8区で区間9位の桑田大輔《だいすけ》、昨年の出雲駅伝5区を区間5位と好走した石井大揮《だいき》ら、実績のある4年生たちも本番に向けて、仕上げてくるだろう。

一方、全日本大学駅伝でメンバー登録された黒木陽向《ひなた》、山下蓮《れん》（ともに2年）、齊藤大空《そら》、川上翔太《しょうた》（ともに1年）など、若いパワーがチームを刺激《しげき》している。

「ハーフマラソンを走れる人材が増えているので7〜10区の争いは熾烈《しれつ》になりそうです。（2021年に）準優勝したときは、往路を走らせたいメンバーが復路にまわらないといけない状況でした。そのときのような雰囲気になるといいなと思っています」（榎木監督）

2021年の箱根駅伝は4区でトップに立つと、初の往路優勝を達成。復路も10区の終盤《しゅうばん》までトップを駆《か》け抜けた。当時は「サプライズ」と表現されたが、今回は自力で往路優勝を狙えるだけの戦力が整っている。

2024年の正月、創価大学が新たなドラマを創造する。

第100回箱根駅伝
出場校一覧（23チーム）

シード校10校	
駒澤大学	58年連続58回目
中央大学	7年連続97回目
青山学院大学	16年連続29回目
國學院大学	8年連続17回目
順天堂大学	13年連続65回目
早稲田大学	48年連続93回目
法政大学	9年連続84回目
創価大学	5年連続7回目
城西大学	2年連続18回目
東洋大学	22年連続82回目
予選会通過13校	
大東文化大学	2年連続52回目
明治大学	6年連続65回目
帝京大学	17年連続25回目
日本体育大学	76年連続76回目
日本大学	4年ぶり90回目
立教大学	2年連続29回目
神奈川大学	2年ぶり54回目
国士舘大学	8年連続52回目
中央学院大学	2年ぶり23回目
東海大学	11年連続51回目
東京農業大学	10年ぶり70回目
駿河台大学	2年ぶり2回目
山梨学院大学	4年連続37回目

全日本大学駅伝のチームエントリーメンバー

文／酒井政人（スポーツライター）

箱根駅伝ミュージアム訪問

箱根駅伝の伝統と魅力を知ろう！

往路のフィニッシュ地点・芦ノ湖《あしのこ》のほとりにある「箱根駅伝ミュージアム」は2005年3月に開館した。ここには、第1回大会からの歴史的な記録や写真・映像とともに、さまざまなエピソードを紹介する貴重《きちょう》な品々が展示されている。

記念すべき
第100回大会に向け、
テンション上げて
いきましょう！

▲ミュージアムの入り口には各大学ののぼりがはためく

ナビゲーター
創価大学駅伝部コーチ
築舘陽介

つきだて・ようすけ／1997年長野県生まれ。駅伝の名門・佐久長聖高校から創価大学に46期生として入学。4年時には駅伝部主将を務める。箱根駅伝第96回大会では5区を力走し、7位でゴールに飛び込むなどチームを牽引。卒業後は一般企業に就職し、競技からは離れていたが、2023年4月、母校の駅伝部コーチに就任した。

◀トイレの場所を案内するピクトグラムもユニーク

箱根駅伝の第1回大会は1920年（大正9年）2月14日の午後1時にスタート。明治大学、東京高等師範学校（現・筑波《つくば》大学）、慶應義塾《けいおうぎじゅく》大学、早稲田大学の４校が参加して日比谷～箱根間を走り、東京高等師範学校が優勝した。

▶▼天井から吊り下がっている大学名のタペストリーは、第1回の「オリジナル4」から始まり、奥へと進んでいくにつれて、だんだんと増えていく。

▲天井を見ながら進んでいくと、ついに創価大学のタペストリーを発見！ 2015年（第91回大会）に初出場！！

太平洋戦争中の1941年（昭和16年）から1946年（昭和21年）まで、戦禍《せんか》の拡大や学徒出陣《がくとしゅつじん》によって通常開催ができなかった箱根駅伝。しかし、この期間に一度だけ、コースを変更して開催できた年がある。1943年（昭和18年）1月5、6日に行われた第22回大会は「戦勝祈願《せんしょうきがん》」として靖國《やすくに》神社と箱根神社を往復したのだった。

▲川口賢次副館長の説明を真剣に聞く築舘コーチ

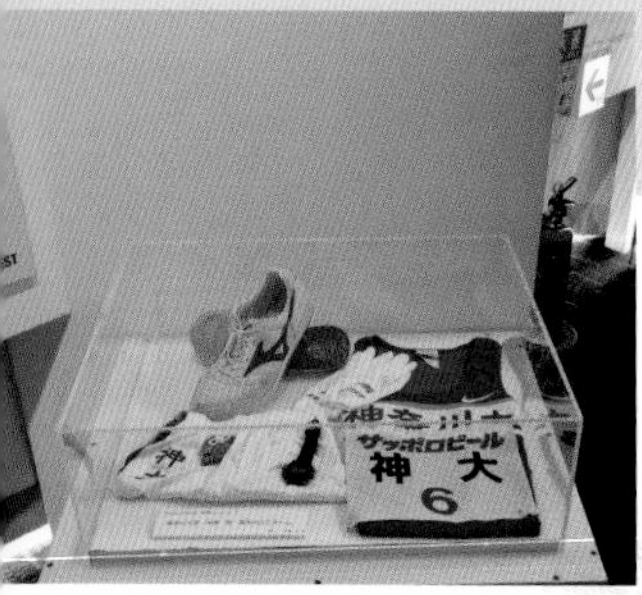

▲実際に走ったときのユニフォームやゼッケン、シューズのほか、当日身につけていた時計やお守りなどが選手の提供を受けて展示されている。

ユニフォーム展示コーナーには、第100回大会のシード校（10校）のユニフォームが展示されており、それぞれ大学名の表記やチームカラーに各校の特色が表れている。伝統校はアルファベット1文字（C= 中央、W= 早稲田、H= 法政）が多く、スクールカラー（鉄紺 = 東洋、紫 = 駒沢、フレッシュグリーン＝青山学院）を取り入れているチームもある。

創価大学のユニフォームは第91回大会から導入されたもの。赤は熱い情熱、青は冷静な判断力、黄は栄光を意味している。チームのシンボルカラーである赤と青のストライプの襷には、金の刺繍で「創価大学」と表記されている。

往路優勝したチームには、箱根町から記念品として、伝統工芸品の寄《よせ》木《ぎ》細《ざい》工《く》で作られた往路優勝記念トロフィーが贈呈される。

▲毎年、新たなデザインの唯一無二のトロフィーが製作される。

▲創価大学が往路優勝した2021年（第97回大会）には「鬼滅の刃」をモチーフにしたトロフィーが贈られた。

箱根駅伝ミュージアム訪問

箱根駅伝の伝統と魅力を知ろう！

▲年表に沿って、歴史をひもときながらパネルを読んでいくと、感動もひとしおだ。

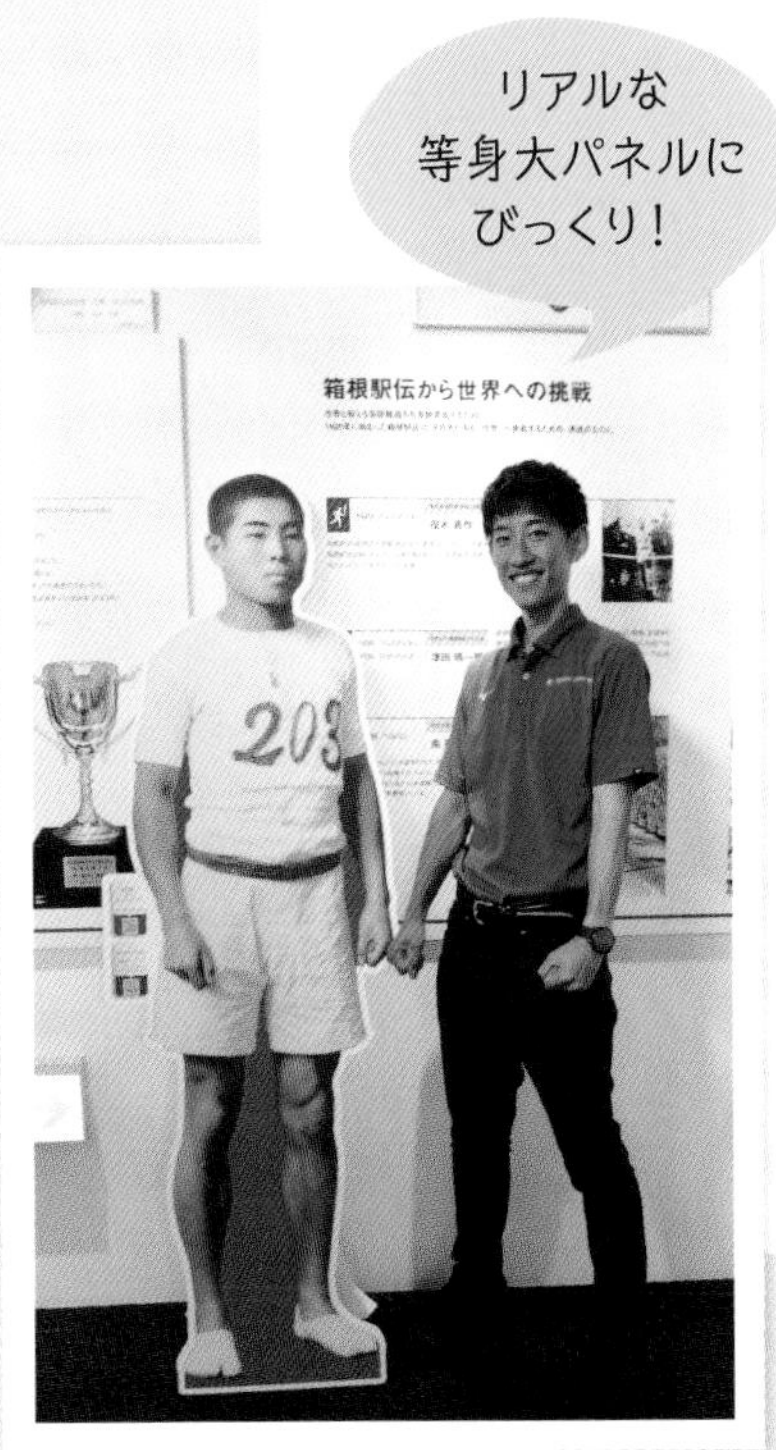

箱根駅伝では、これまでに17校が総合優勝を経験している。

出場回数（96回）・優勝回数（14回）ともにトップを独走《どくそう》する中央大学は、1959年（第35回大会）から1964年（第40回大会）まで前人未到《ぜんじんみとう》の6連覇《れんぱ》を果たしている。

しかし、1964年の東京オリンピック以降は順天堂大学、日本体育大学、大東文化大学などが台頭《たいとう》してきた。

駒澤大学は2000年（第76回大会）に初優勝して以降、圧倒的な強さを発揮。2002年（第78回大会）から2005年（第81回大会）まで4連覇を成し遂《と》げ、2023年（第99回大会）までに8回の優勝を誇《ほこ》る。また、青山学院大学は2015年（第91回大会）から2018年（第94回大会）までの4連覇を含め、6回の優勝に輝《かがや》いている。

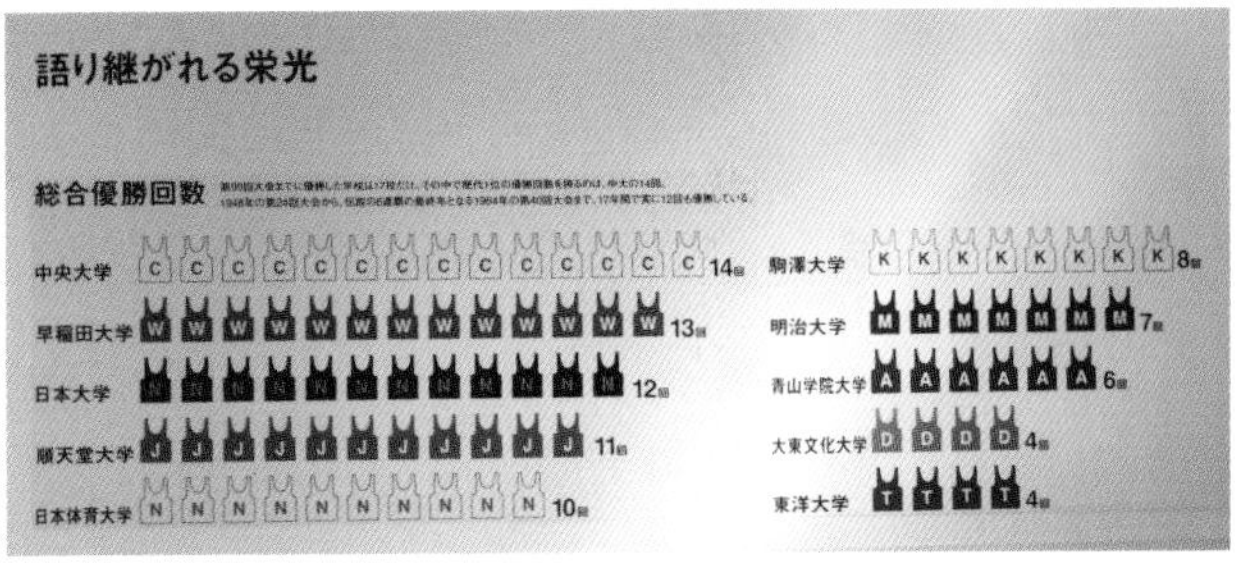

日本人で初めてオリンピック選手になった金栗四三《かなくりしそう》は、1912年（明治45年）のストックホルム五輪・男子マラソンに出場したが、途中棄権《きけん》に終わった。この苦《にが》い経験をもとに、「オリンピックで活躍できる日本人選手を養成したい」との大いなる夢を抱《いだ》き、将来的にはアメリカ大陸を横断するようなスケールの大きなレースの開催も視野《しや》に入れていたという。

▲2004年（第80回大会）からは、最優秀選手に「金栗四三杯」が贈られている。

箱根駅伝の構想が持ち上がった当初は、“日光《にっこう》”“水戸《みと》”“箱根”の3つの候補地が挙《あ》がっていたが、最終的には「東海道駅伝」をきっかけに「東京〜箱根間」を往復するコースに決定した。現在、箱根駅伝からは80人以上のオリンピアンが誕生し、世界へと羽ばたいている。

EKIDEN CAFE「TWENTY《トウェンティ》 SPIRITS《スピリッツ》」との店名には、襷をつなぐ20チームの選手たちへのエールが込められている。

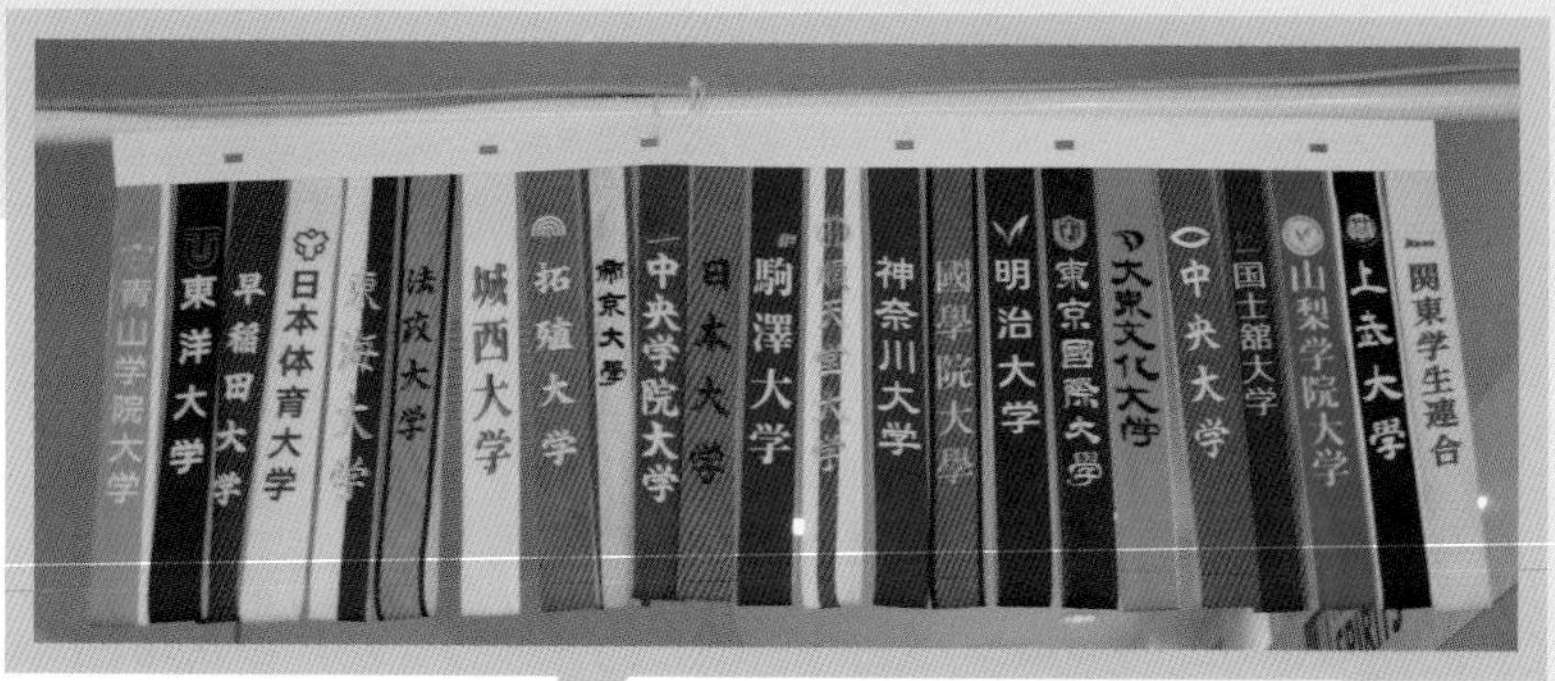

▲襷をモティーフにして作られたカフェカーテン

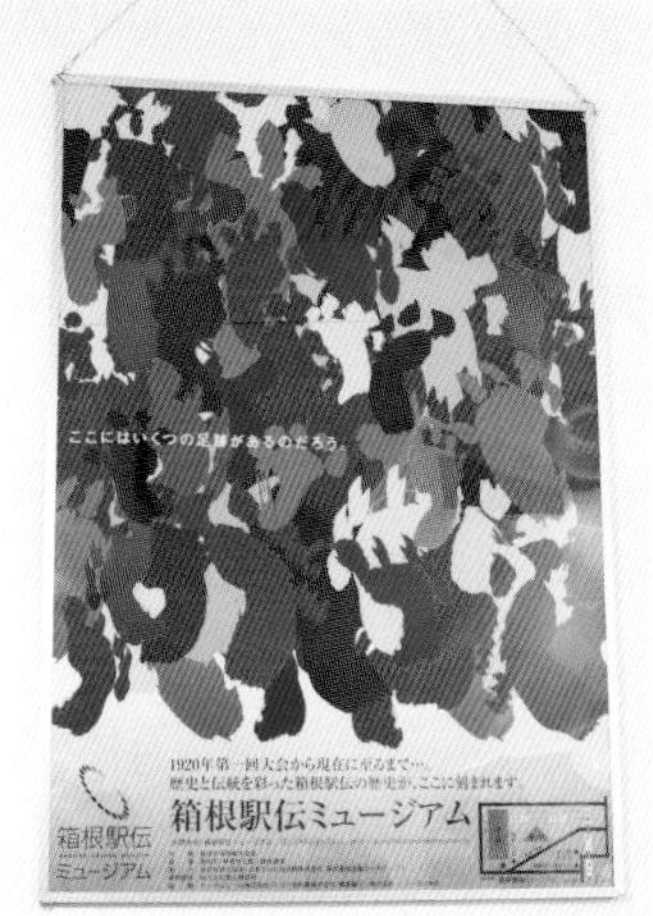

▲ミュージアムショップでいちばん人気があるのは襷をデザインしたマフラータオル。他にもTシャツや、ボールペン、クリアファイルなど各チームの応援グッズや多彩なオリジナル商品が並ぶ。

箱根駅伝ミュージアム訪問

箱根駅伝の伝統と魅力を知ろう！

▲絆の像（レプリカ）

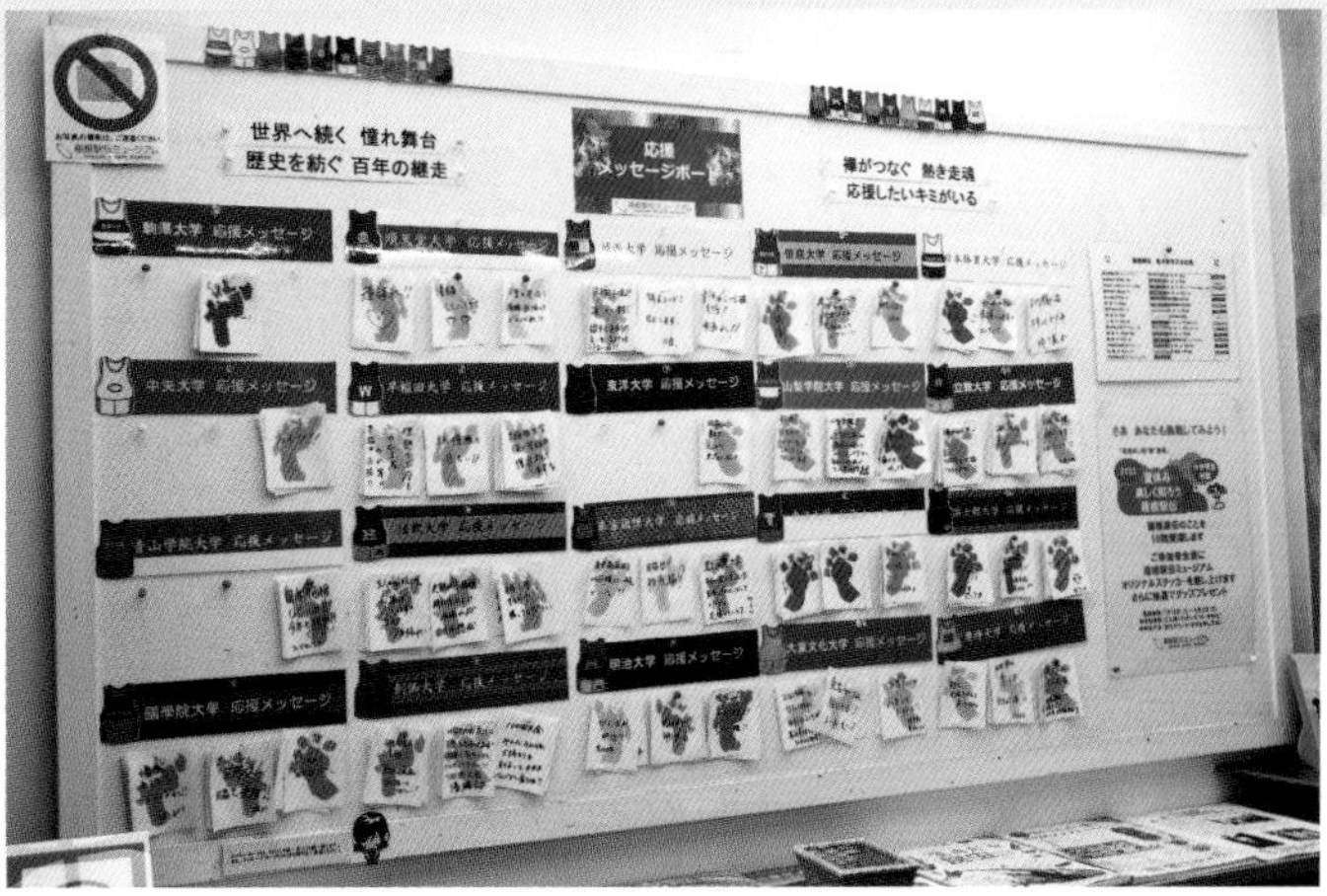

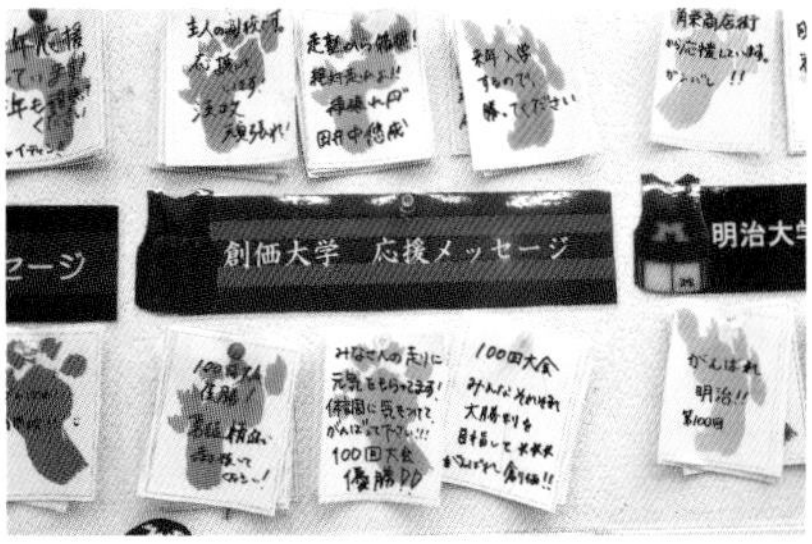

▲▶応援メッセージを記入できるコーナー。来場者の熱い思いが小さなメモから伝わってくる。

▲ヘリテージプラーク（直径約23センチの円形の飾り額）

箱根駅伝ミュージアム館長 勝俣《かつまた》真理子《まりこ》さん

箱根駅伝の魅力は、学生さんたちが純粋に、真剣に競技に向き合っていること、そして大会運営も学生さんが主体となって、一生懸命に頑張っていることではないでしょうか。

2019年、箱根駅伝は世界陸連から「陸上界の世界遺産」と認定され、「ヘリテージプラーク」を受賞しました。非常に誇らしいことです。この先もずっと箱根駅伝は続いていくと思いますので、私たちは箱根にいる人間として、これからもしっかりサポートしていかなくてはと感じています。

2024年の第100回大会は23チームになりますが、選手の皆さんは自分たちの力で出場権を勝ち取ったこと、それ自体が本当にすばらしいと思います。どうか、順位に関係なく、全員が悔《く》いなく無事に走りきってくれることを祈りながら、私たちも全力で応援していきます。

箱根駅伝ミュージアム（年中無休）神奈川県足柄下郡箱根町箱根167
http://www.hakoneekidenmuseum.jp

箱根駅伝 コースマップ

往 START

1区　21.3km
大手町⇒鶴見

▼主な通過ポイント

1.5 km	日比谷交差点
3.7 km	増上寺
7.8 km	新八ツ山橋(北品川)
15.3 km	京急蒲田踏切跡
18.0 km	六郷橋(多摩川)
19.1 km	川崎区役所
21.3 km	鶴見中継所

(鶴見区市場大和町歩道橋)

●区間記録
1時間00分40秒(第98回/22年)
吉居大和(中央大学)

2区　23.1km
鶴見⇒戸塚

▼主な通過ポイント

3.0 km	大黒町入口交差点
7.1 km	神奈川警察署
8.3 km	横浜駅
11.6 km	保土ヶ谷駅
15.3 km	権太坂
20.0 km	横浜新道合流点
23.1 km	戸塚中継所

(戸塚区汲沢町・タックルベリー戸塚)

●区間記録
1時間05分49秒(第97回/21年)
イェゴン・ヴィンセント(東京国際大学)

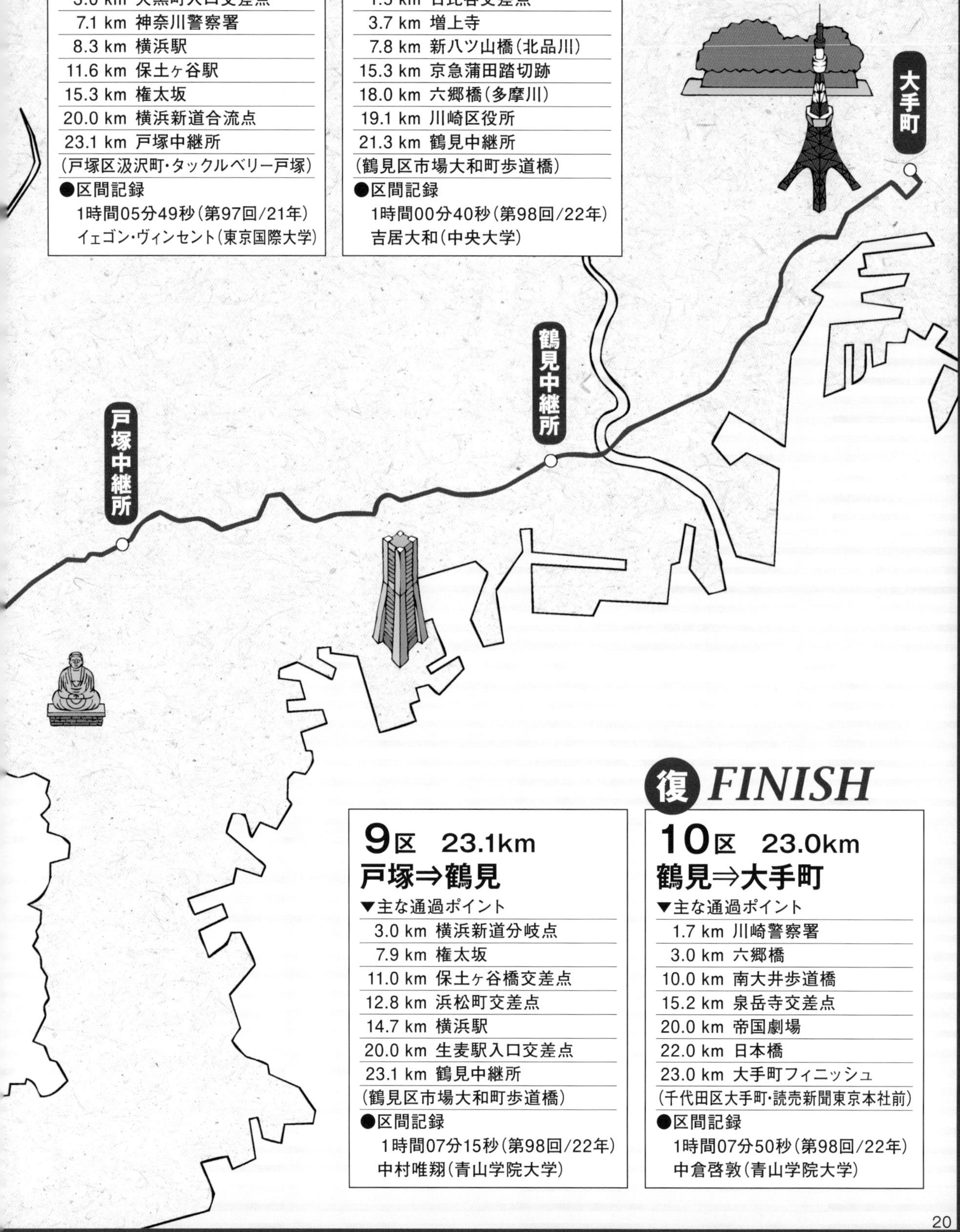

復 FINISH

9区　23.1km
戸塚⇒鶴見

▼主な通過ポイント

3.0 km	横浜新道分岐点
7.9 km	権太坂
11.0 km	保土ヶ谷橋交差点
12.8 km	浜松町交差点
14.7 km	横浜駅
20.0 km	生麦駅入口交差点
23.1 km	鶴見中継所

(鶴見区市場大和町歩道橋)

●区間記録
1時間07分15秒(第98回/22年)
中村唯翔(青山学院大学)

10区　23.0km
鶴見⇒大手町

▼主な通過ポイント

1.7 km	川崎警察署
3.0 km	六郷橋
10.0 km	南大井歩道橋
15.2 km	泉岳寺交差点
20.0 km	帝国劇場
22.0 km	日本橋
23.0 km	大手町フィニッシュ

(千代田区大手町・読売新聞東京本社前)

●区間記録
1時間07分50秒(第98回/22年)
中倉啓敦(青山学院大学)

往 *FINISH*

5区 20.8km
小田原⇒箱根

▼主な通過ポイント

3.0 km	箱根湯本駅
7.0 km	大平台ヘアピンカーブ
9.4 km	富士屋ホテル
10.6 km	小涌谷踏切
16.3 km	曽我兄弟の墓(R1最高地点)
19.4 km	箱根神社大鳥居
20.8 km	箱根フィニッシュ

(箱根町・芦ノ湖入口駐車場)

●区間記録

1時間10分04秒(第99回/23年)
山本唯翔(城西大学)

4区 20.9km
平塚⇒小田原

▼主な通過ポイント

1.4 km	大磯駅前歩道橋(R1)
5.0 km	大磯警察署
7.2 km	二宮駅
11.8 km	国府津駅
15.4 km	酒匂橋(酒匂川)
17.9 km	小田原市民会館
20.9 km	小田原中継所

(小田原市風祭・鈴廣蒲鉾本店)

●区間記録

1時間0分00秒(第99回/23年)
イェゴン・ヴィンセント(東京国際大学)

3区 21.4km
戸塚⇒平塚

▼主な通過ポイント

2.0 km	原宿交差点
5.0 km	遊行寺坂上
7.8 km	藤沢警察署
12.0 km	浜須賀交差点(R134)
18.1 km	湘南大橋(相模川)
20.0 km	袖ヶ浜歩道橋
21.4 km	平塚中継所

(平塚市唐ヶ原交差点)

●区間記録

59分25秒(第96回/20年)
イェゴン・ヴィンセント(東京国際大学)

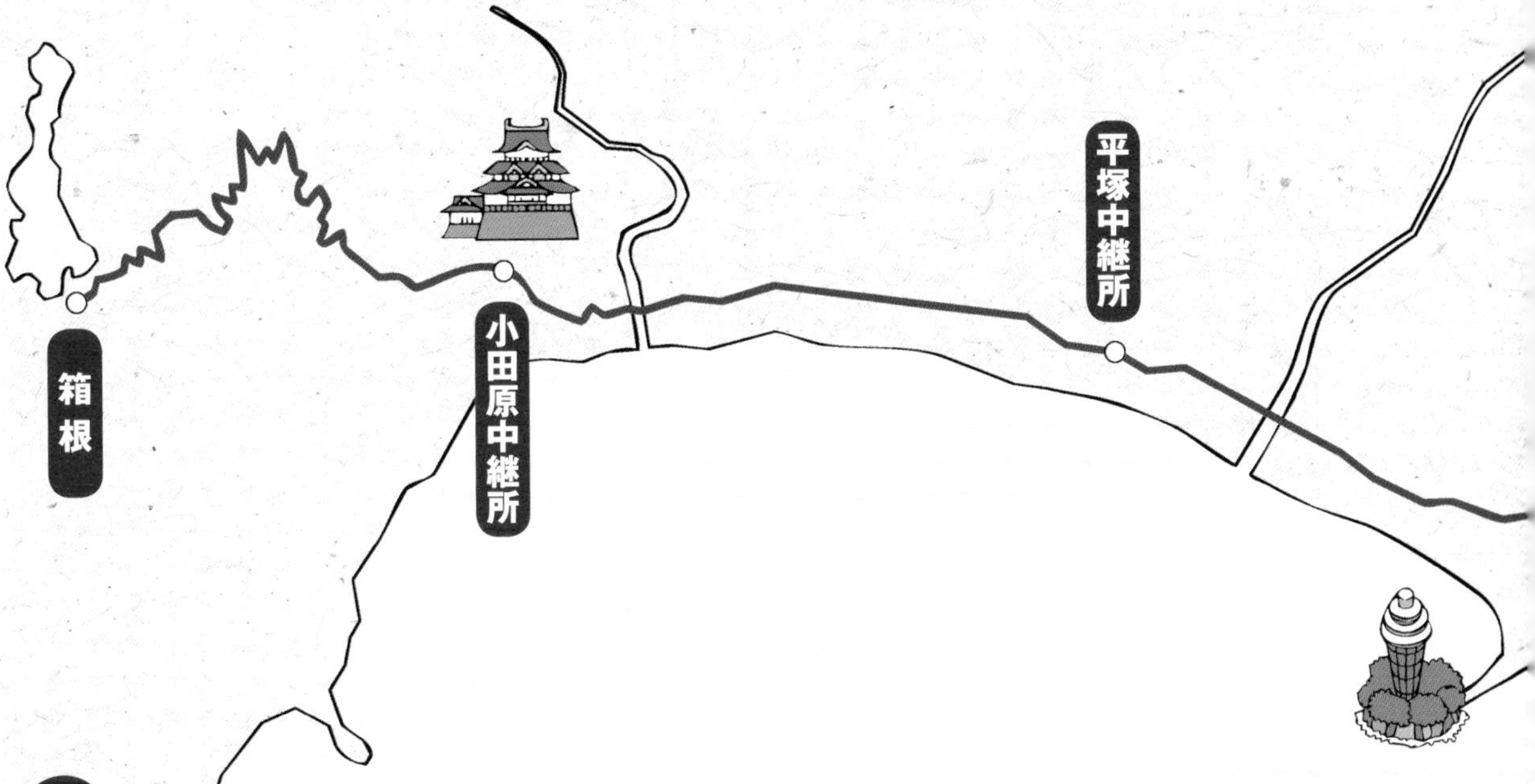

復 *START*

6区 20.8km
箱根⇒小田原

▼主な通過ポイント

1.8 km	元箱根交差点
5.0 km	東名巧芸社
12.0 km	宮ノ下バス停
17.1 km	函嶺洞門バイパス
18.9 km	箱根新道入口
19.5 km	入生田駅
20.8 km	小田原中継所

(小田原市風祭・鈴廣蒲鉾本店)

●区間記録

57分17秒(第96回/20年)
館澤亨次(東海大学)

7区 21.3km
小田原⇒平塚

▼主な通過ポイント

3.0 km	小田原市民会館
9.3 km	国府津駅前
10.0 km	常念寺交差点
11.6 km	押切橋(押切川)
15.7 km	大磯警察署
20.0 km	関野塗装店
21.3 km	平塚中継所

(平塚市唐ヶ原交差点)

●区間記録

1時間01分40秒(第96回/20年)
阿部弘輝(明治大学)

8区 21.4km
平塚⇒戸塚

▼主な通過ポイント

2.2 km	平塚駅南口入口
5.0 km	しらすと地魚レストラン快飛
9.5 km	浜須賀歩道橋
13.5 km	藤沢警察署
15.6 km	遊行寺
20.0 km	浅間神社前交差点
21.4 km	戸塚中継所

(戸塚区汲沢町・ウエインズトヨタ神奈川)

●区間記録

1時間03分49秒(第95回/19年)
小松陽平(東海大学)

監修／渡部啓太(元創価大学駅伝部フィジカル・コンディショニングコーチ)

区間の特徴&観戦シート

～創大歴代記録付き～

▼1区の創大記録

	選手名／学年	区間記録	区間順位	総合記録	チーム順位
第91回大会	山口修平③	1:02:46	13位	1:02:46	13位
第93回大会	大山憲明③	1:05:03	17位	1:05:03	17位
第96回大会	米満　怜④	1:01:13	1位（区間賞）	1:01:13	1位
第97回大会	福田悠一④	1:03:15	3位	1:03:15	3位
第98回大会	葛西　潤③	1:02:21	15位	1:02:21	15位
第99回大会	横山魁哉④	1:03:02	5位	1:03:02	5位

第100回大会

選手名

区間タイム　（区間　位／チーム順位　位）

1区

東京・大手町の読売新聞社東京本社前を午前8時にスタート。全体的に平坦なコースで、起伏は7・8キロ《メートル》付近の新八ツ山橋《しんやつやまばし》と18キロ《メートル》付近の六郷橋《ろくごうばし》くらい。終盤《しゅうばん》の勝負で六郷橋の上りや下りを使い、スパートを仕掛けることが多いが、序盤《じょばん》から飛び出す選手もいるため、レース展開が読みづらい区間ともいえる。

第91回大会（2015年）で創部43年目にして念願の箱根駅伝初出場を果たした創価大学。その第一歩を刻んだのは、卒業後に旭化成《あさひかせい》で活躍した山口修平だ。終盤まで先頭集団に食らいついた彼の力走は、箱根路に燦然《さんぜん》と輝く歴史の一幕だろう。

今大会で往路優勝争いに食い込みたい創価大学は、第96回大会（2020年）で米満怜《れん》（現・コニカミノルタ）が区間賞に輝いたあの衝撃を再び期待したいが、順位やトップとの差とともに優勝候補とのタイム差も重要になる。昨年度、大学駅伝三冠を達成し、今年の出雲駅伝でも優勝した駒澤大学がその筆頭だろう。鶴見中継所で、優勝候補の大学を引き離していれば上出来、たとえ引き離されても20秒以内で2区へ襷《たすき》を渡せれば、1区の役割を果たしたといえるだろう。

10区

第75回大会（1999年）から日比谷通りを馬場先門《ばばさきもん》前で右折して、日本橋を渡るコースに変更。距離が約2キロ《メートル》延びたことで、安定感のある上級生の起用が多くなった。近年は4年生が母校の襷を大手町に届けることがスタンダードになっている。アップダウンは六郷橋と新八ツ山橋ぐらいで走りやすいが、天候によっては急上昇する温度と、ビル風に悩まされる。

創価大学においては、第96回大会（2020年）での嶋津雄大《しまづゆうだい》の雄姿がいまなお、鮮烈《せんれつ》な記憶として焼き付いている。一方で、総合優勝にあと一歩届かなかった第97大会（2021年）も忘れられない。勝負を決する重圧《じゅうあつ》が大きく、最後まで何が起こるかわからない10区。創価大学も過去6回の出場で、数々の勝負を経験してきた。

ゴールの読売新聞東京本社へ優勝校が到着するのは13時30分ごろ。第100回（2024年）を迎える大手町のFINISHでは、どんなドラマが待っているのか。

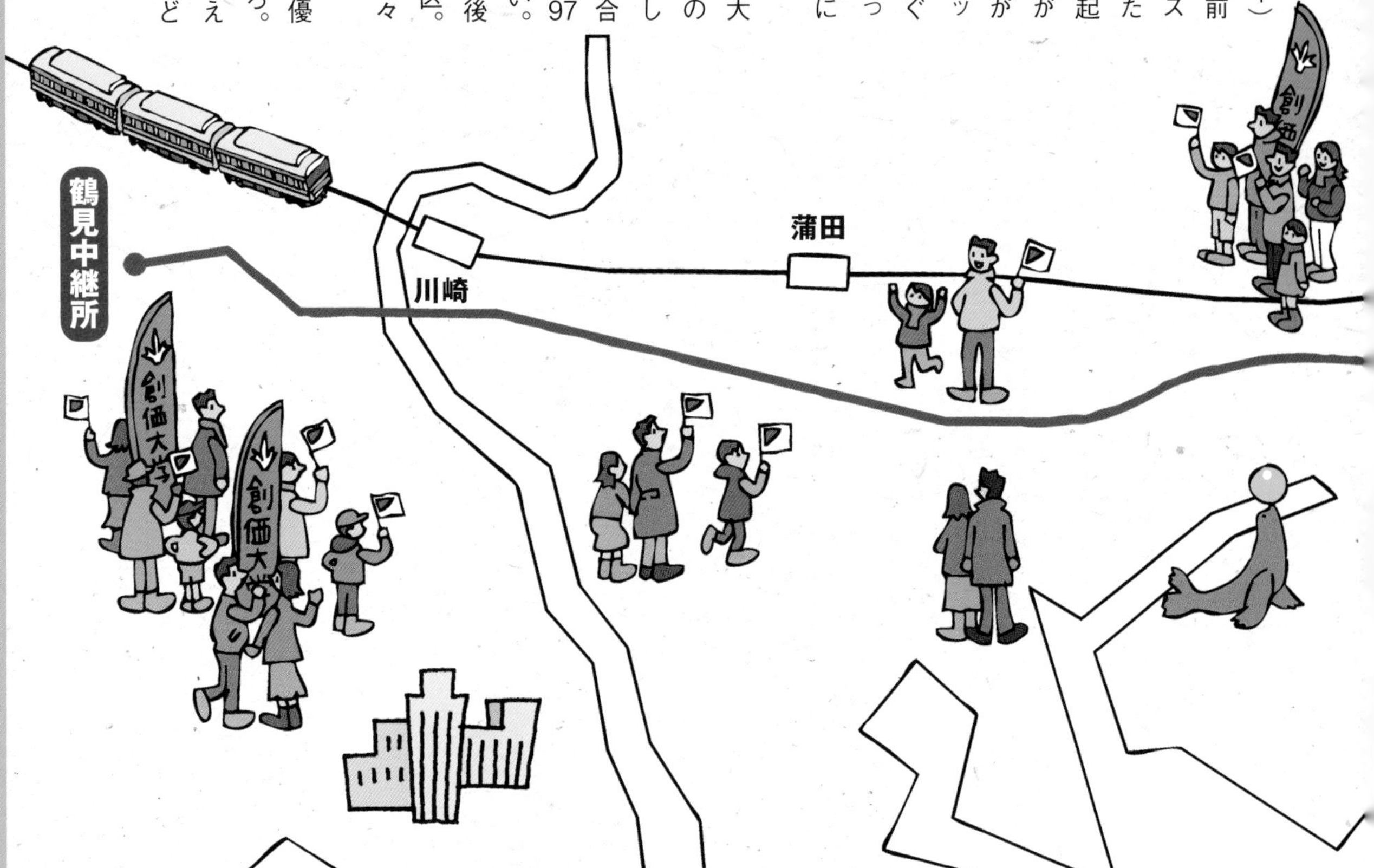

10区 復 *FINISH*

▼10区の創大記録

	選手名／学年	区間記録	区間順位	総合記録	チーム順位
第91回大会	沼口雅彦④	1:17:30	19位	11:31:40	20位
第93回大会	彦坂一成④	1:12:27	8位	11:20:37	12位
第96回大会	嶋津雄大②	1:08:40	1位（区間賞）	10:58:17	9位
第97回大会	小野寺勇樹③	1:13:23	20位	10:56:56	2位
第98回大会	松田爽汰③	1:09:27	5位	10:56:30	7位
第99回大会	石丸惇那①	1:11:15	15位	10:55:55	8位

第100回大会

選手名

区間タイム　　　　　　　　　（区間　　位／チーム順位　　位）

＊記入して観戦にご活用ください

▼2区の創大記録

	選手名／学年	区間記録	区間順位	総合記録	チーム順位
第91回大会	後沢広大③	1:12:26	20位	2:15:12	17位
第93回大会	ムソニ・ムイル①	1:08:05	4位	2:13:08	10位
第96回大会	ムソニ・ムイル④	1:07:58	11位	2:09:11	6位
第97回大会	フィリップ・ムルワ②	1:07:18	6位	2:10:33	2位
第98回大会	フィリップ・ムルワ③	1:06:41	2位	2:09:02	6位
第99回大会	フィリップ・ムルワ④	1:07:29	6位	2:10:31	5位

第100回大会

選手名

区間タイム　　　　　　（区間　　位／チーム順位　　位）

2区

歴代のエースたちが名勝負を繰り広げてきた華やかな区間。前半は平坦なコースで、中盤の「権太坂《ごんたざか》」と20キロ《メートル》を過ぎてからのアップダウンが難所として有名。最近ではラスト1キロ《メートル》を「戸塚の壁」と呼び、エースを苦しめる。

フィリップ・ムルワ（現・GMOアスリーツ）など強力な留学生が力走してきた創価大学だが、その歴史をひもとけば、卒業後にYKKでも活躍した後沢広大《ござわこうだい》が第91回大会（2015年）で出走している。区間20位と悔《くや》しさが残る結果だったが、積み重ねた〝悔しさ〟が、いまの創価大学の〝強さ〟につながっているはずだ。第96回大会以降は、創価大学は戸塚中継所でシード権争いはもちろん、3位以内も狙える位置で襷をつないできた。第100回大会（2024年）では、どこまで順位を押し上げることができるか。1区次第では先頭争いも期待できる。各校のエースがしのぎを削《けず》る激戦区で、今大会も留学生の活躍に期待を寄せることになりそうだ。

9区

2区とならぶ最長区間。優勝の行方、シード権争いのカギとなるため、「復路のエース区間」と呼ばれている。2区の選手を苦しめる「戸塚の壁」と「権太坂」を逆走《ぎゃくそう》するため、スピードに乗りやすく、ペース配分が難しい区間である。しかし、大混戦の2区とは異なり、単独走になることが多く、襷を受け取る順位によってランナーたちの戦略も変わってくる。

第99回大会（2023年）、「最初で最後の箱根路」を走った創価大学の主将・緒方貴典《たかのり》は、青山学院大学には及ばなかったものの、法政、國學院、早稲田、順天堂といった常連校と競い合い、まったく気後れせずに総合4位で襷をつないでいる。緒方の堂々とした走りは、大学駅伝界において創価大学の存在は、まったく侮《あなど》れないことをまたひとつ、証明したのではないだろうか。復路エースが競う9区では、2区とはまた違った各校、各選手のプライドをかけた攻防に注目してほしい。

9区

▼9区の創大記録

	選手名／学年	区間記録	区間順位	総合記録	チーム順位
第91回大会	彦坂一成②	1:13:07	19位	10:14:10	20位
第93回大会	三澤　匠③	1:12:41	13位	10:08:10	12位
第96回大会	石津佳晃③	1:09:44	6位	9:49:37	11位
第97回大会	石津佳晃④	1:08:14	1位（区間賞）	9:43:33	1位
第98回大会	中武泰希④	1:10:47	16位	9:47:03	9位
第99回大会	緒方貴典④	1:08:23	2位	9:44:40	4位

第100回大会

選手名

区間タイム　（区間　　位／チーム順位　　位）

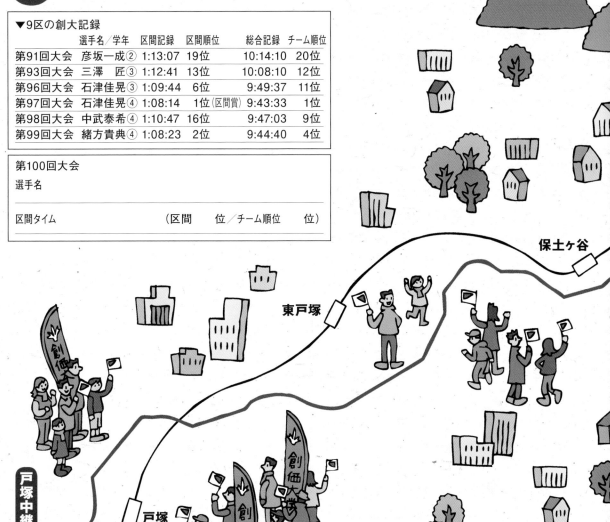

▼3区の創大記録

	選手名／学年	区間記録	区間順位	総合記録	チーム順位
第91回大会	蟹澤淳平①	1:07:27	19位	3:22:39	19位
第93回大会	蟹澤淳平③	1:04:28	7位	3:17:36	7位
第96回大会	原富慶季③	1:03:16	11位	3:12:27	9位
第97回大会	葛西　潤②	1:02:41	3位	3:13:14	2位
第98回大会	桑田大輔②	1:04:02	17位	3:13:04	11位
第99回大会	山森龍暁③	1:02:58	14位	3:13:29	6位

第100回大会

選手名

区間タイム　　　　　　　　（区間　　位／チーム順位　　位）

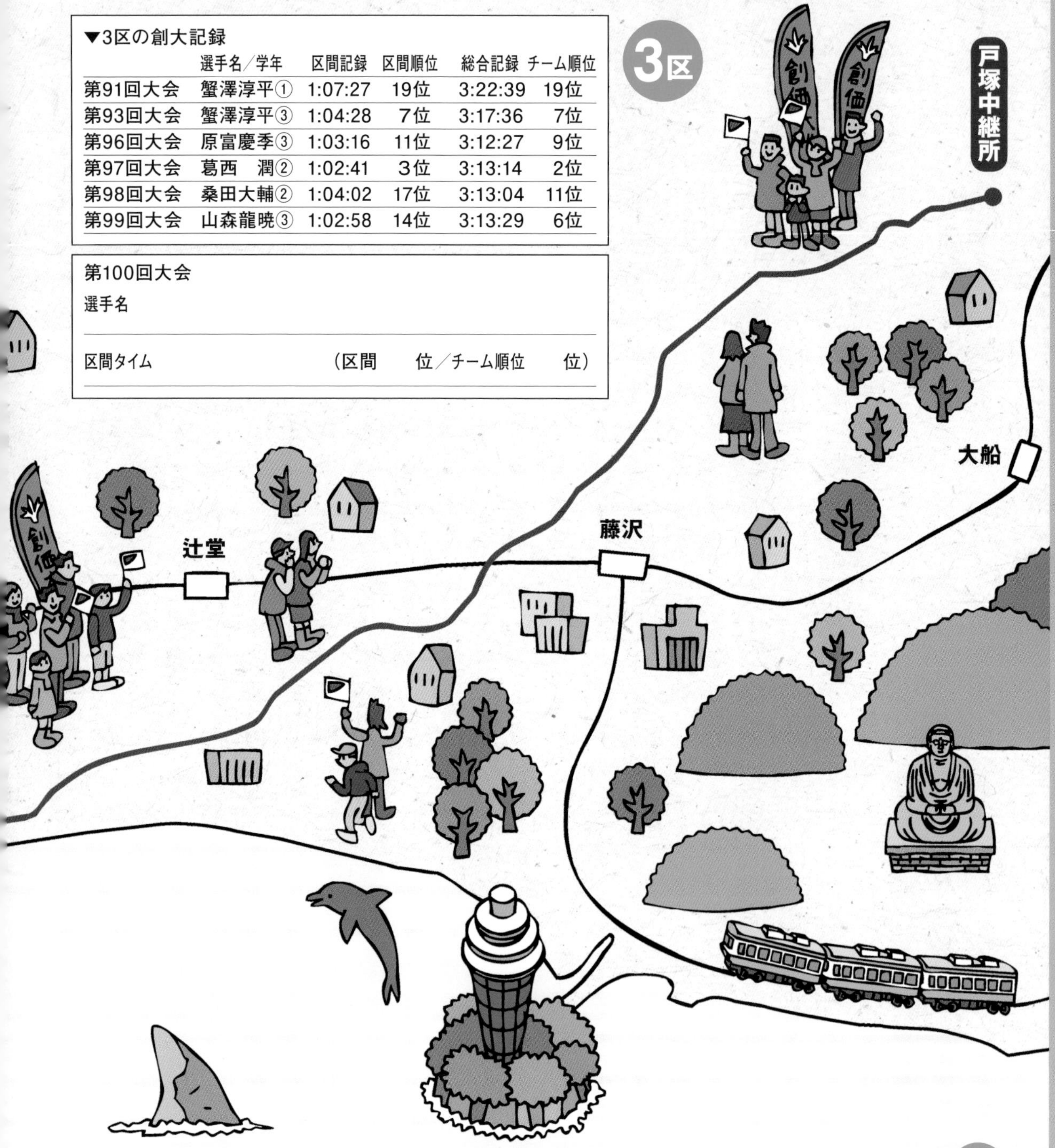

3区

1キロ《メートル》付近の原宿第一歩道橋から浜見山交差点までの約9キロ《メートル》で、約60《メートル》の標高差を下る「スピード区間」だ。12キロ《メートル》を過ぎて国道134号線に入ると、強い向かい風に苦しめられることも。

3区では順位の〝かたまり〟に注目してほしい。4区以降、〝かたまり〟内での力が拮抗《きっこう》するため、2区のような大きな順位変動が難しくなる。4区につなぐ平塚中継所で、1～3位が総合優勝争い、3～5位なら3位争いに食い込み、6～10位がシード権争いになる可能性が高くなる。

往路優勝をした第97回大会（2021年）で、葛西潤《かさいじゅん》は2位で襷を受け取り、先頭が見える位置で順位をキープして4区の嶋津雄大につないでいる。一方で、第98回、99回大会では3区で順位をキープまたは押し上げられなかったために、優勝争いから遠のいてしまった。エース級の選手を3区に配置できるかどうか、チームの総合力が問われる区間だ。

8区

▼8区の創大記録

	選手名／学年	区間記録	区間順位	総合記録	チーム順位
第91回大会	新村健太③	1:08:54	20位	9:01:03	20位
第93回大会	米満　怜①	1:06:33	3位	8:55:29	12位
第96回大会	鈴木大海③	1:06:39	9位	8:39:53	11位
第97回大会	永井大育③	1:05:10	8位	8:35:19	1位
第98回大会	吉田　凌①	1:05:46	8位	8:36:16	5位
第99回大会	桑田大輔③	1:05:07	9位	8:36:17	6位

第100回大会

選手名

区間タイム　　　　　（区間　　位／チーム順位　　位）

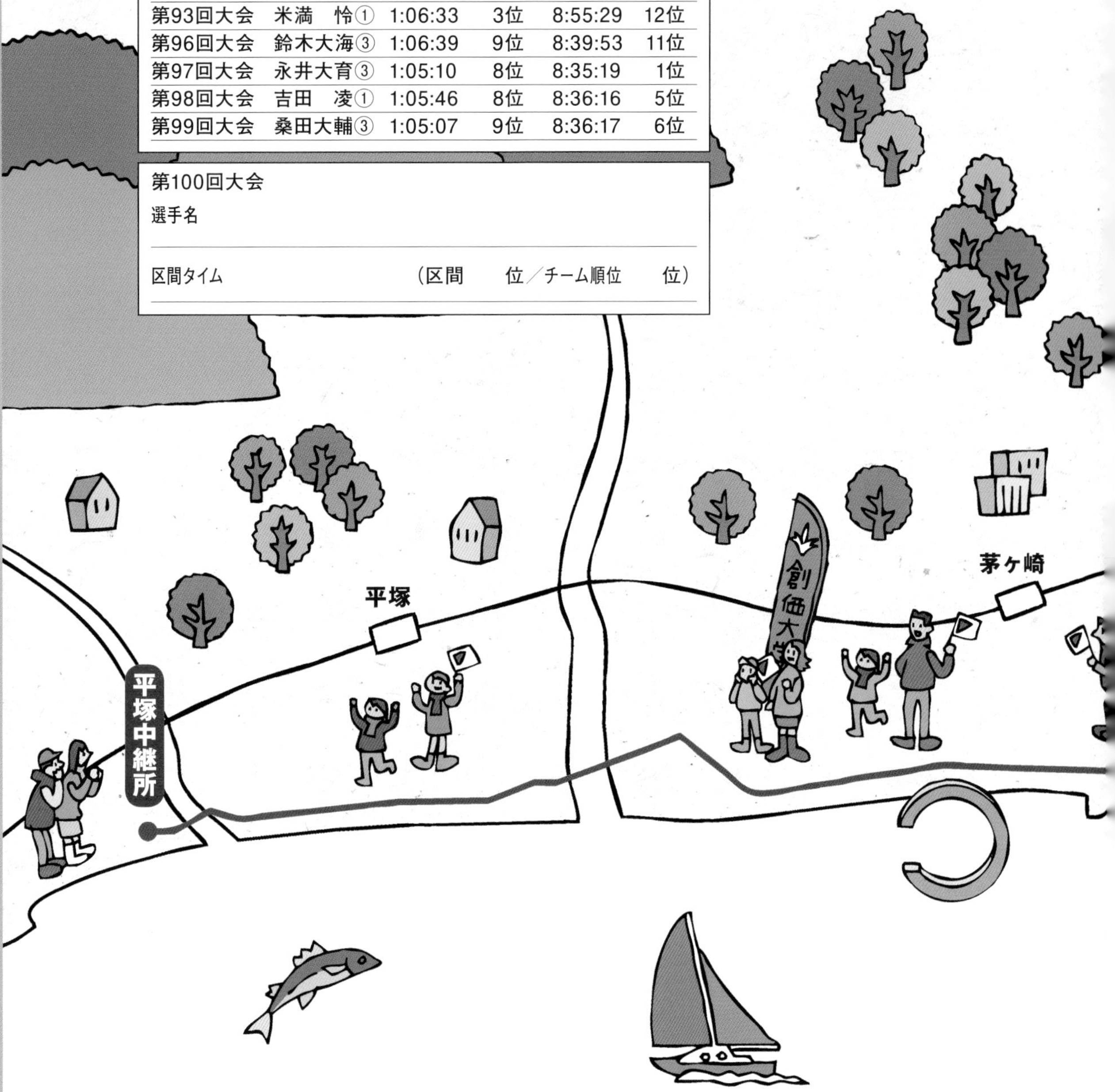

8区

9・5キロ《メートル》付近の浜須《はます》賀《か》歩道橋を左折すると上り気味のコースに。とくに15・6キロ《メートル》地点の遊行寺《ゆぎょうじ》の坂は、山を除けば箱根駅伝最大の難所だ。遊行寺をすぎてからも緩《ゆる》やかな上り坂が続くため、戸塚中継所まで粘《ねば》り切れる選手を配置できるかどうか。また、7区までがいい流れであれ、悪い流れであれ、復路のエースが待つ9区に順位を下げずにつなげられるかがポイントになる。

第96回大会（2020年）では、6区、7区で順位を下げる悪い流れのなか、鈴木大海《ひろみ》が区間9位と粘り、9区の石《いし》津《つ》佳《よし》晃《あき》が総合11位で嶋津雄大に襷をつないだ。嶋津の大激走で創価大学は初のシード権を獲得できたわけだが、もし8区で順位を大きく下げて、10位の背中が見えない位置で嶋津が襷を受け取っていたら、また違った結果になっていたかもしれない。その意味でも、8区は「いぶし銀《ぎん》の存在」に注目してみるとおもしろい。

4区

海岸線の大磯《おおいそ》駅前歩道橋から再度、国道1号線へ。松並木を抜けると、12キロメートル手前の国府津《こうづ》駅までは細かい起伏が続く。後半はいくつもの橋を渡り、終盤では標高差で30メートル上る厳しいコース。

フィリップ・ムルワに次ぐエース格の嶋津雄大が第97回（2020年）、98回、99回大会と連続で出走しているとおり、チームの準エースが担う区間だ。現役時代（中央大学）に4年連続区間賞に輝いた榎《えの》木《き》和貴《かずたか》監督も、3、4年時に4区を走っている。

往路優勝を狙《ねら》うのであれば、少なくとも4区で先頭に立ちたいところ。第98回大会では、先頭が見える位置で襷を受け取った嶋津が4区で早々とトップに立ち、まさに理想的な展開で、創価大学は初の往路優勝への扉を開くことができたのだ。

一方で、初のシード権を獲得した第96回大会において、3区で9位に下げた総合順位を7位へと押し上げた福田悠《ゆう》一《いち》のような走りにも期待したい。往路最終区間の5区に勢いをつける準エースらしい走りが求められる区間だ。

4区

▼4区の創大記録

	選手名／学年	区間記録	区間順位	総合記録	チーム順位
第91回大会	大山憲明①	56:34	10位	4:19:13	19位
第93回大会	セルナルド祐慈④	1:04:17	5位	4:21:53	5位
第96回大会	福田悠一③	1:01:55	4位	4:14:22	7位
第97回大会	嶋津雄大③	1:02:49	2位	4:16:03	1位
第98回大会	嶋津雄大④	1:01:08	1位（区間賞）	4:14:12	5位
第99回大会	嶋津雄大④	1:02:20	8位	4:15:49	7位

第100回大会

選手名

区間タイム　　（区間　　位／チーム順位　　位）

※コースの変更により、第92回大会（2016年）以前の4区のタイムは参考記録となります。

7区

最も気温差が激しい区間。午前9時前後の小田原中継所は冷え込むことが多く、晴れると海岸線の気温が上がるので注意が必要だ。7区は小刻《こきざ》みなアップダウンはあるものの、実は隠れたスピード区間でもある。

創価大学は第97回大会（2021年）での区間2位以降、4位（第98回大会）、1位（第99回大会）と7区での攻勢に成功している。6区で濱野将基《はまのまさき》が勢いをつけ、7区でその勢いに弾《はず》みをつけているのだ。6区、7区で順位を上げられたチームには、上位でレースを進められるチャンスが得られるだけあって、あえて7区にエース級を配置して勝負をしかけてくる大学もある。9区はどの大学も復路のエースを配置するが、7区にもエース級を配置できれば、それができない大学に差をつけることができる。そうした観点から、7区にエース級の選手を配置できるかどうかが、大学の力量《りきりょう》を測《はか》るバロメーターになる。

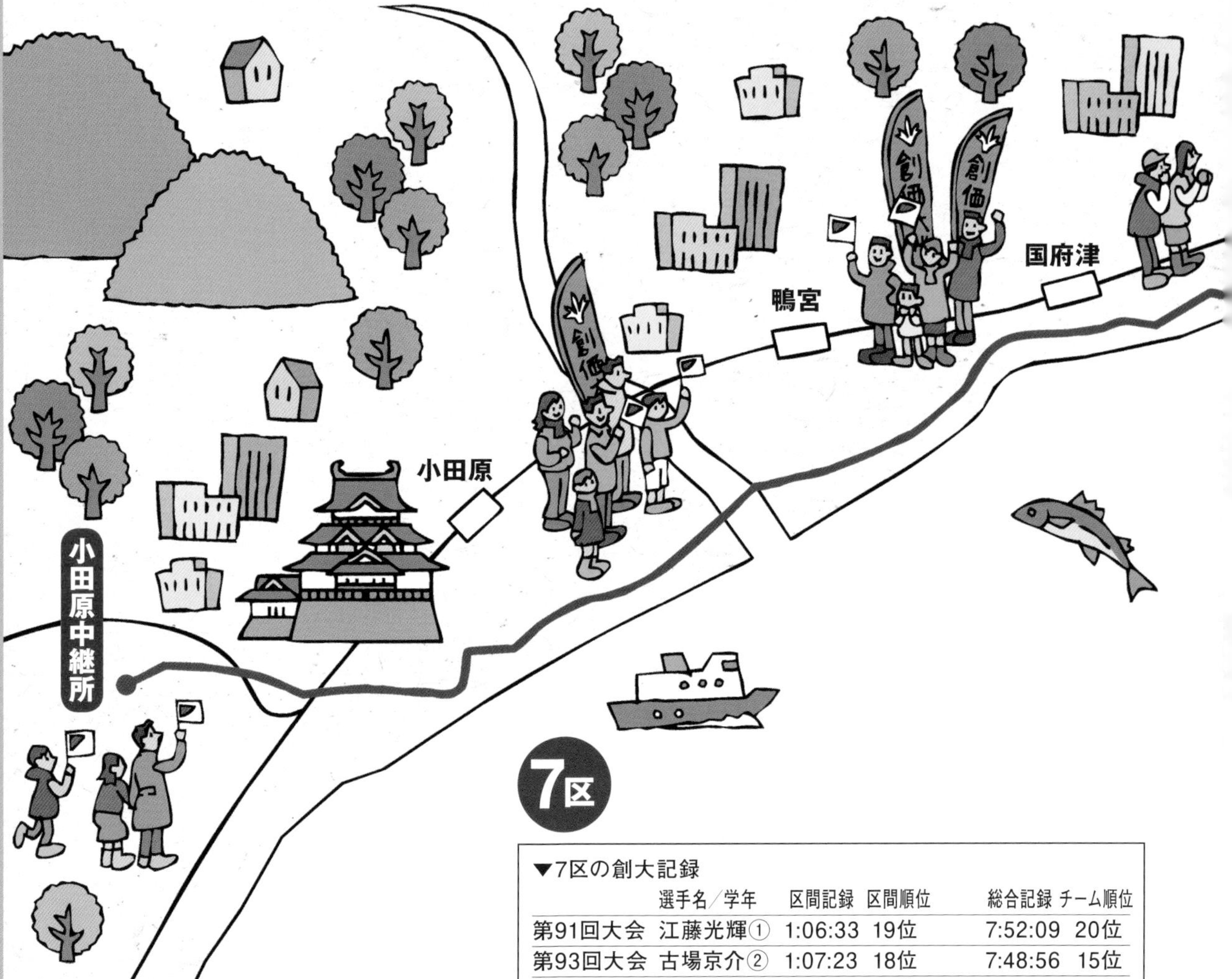

7区

▼7区の創大記録	選手名／学年	区間記録	区間順位	総合記録	チーム順位
第91回大会	江藤光輝①	1:06:33	19位	7:52:09	20位
第93回大会	古場京介②	1:07:23	18位	7:48:56	15位
第96回大会	右田綺羅③	1:05:15	18位	7:33:14	11位
第97回大会	原富慶季④	1:03:12	2位	7:30:09	1位
第98回大会	新家裕太郎③	1:03:42	4位	7:30:30	5位
第99回大会	葛西　潤④	1:02:43	1位（区間賞）	7:31:10	5位

第100回大会

選手名

区間タイム　　　　（区間　　位／チーム順位　　位）

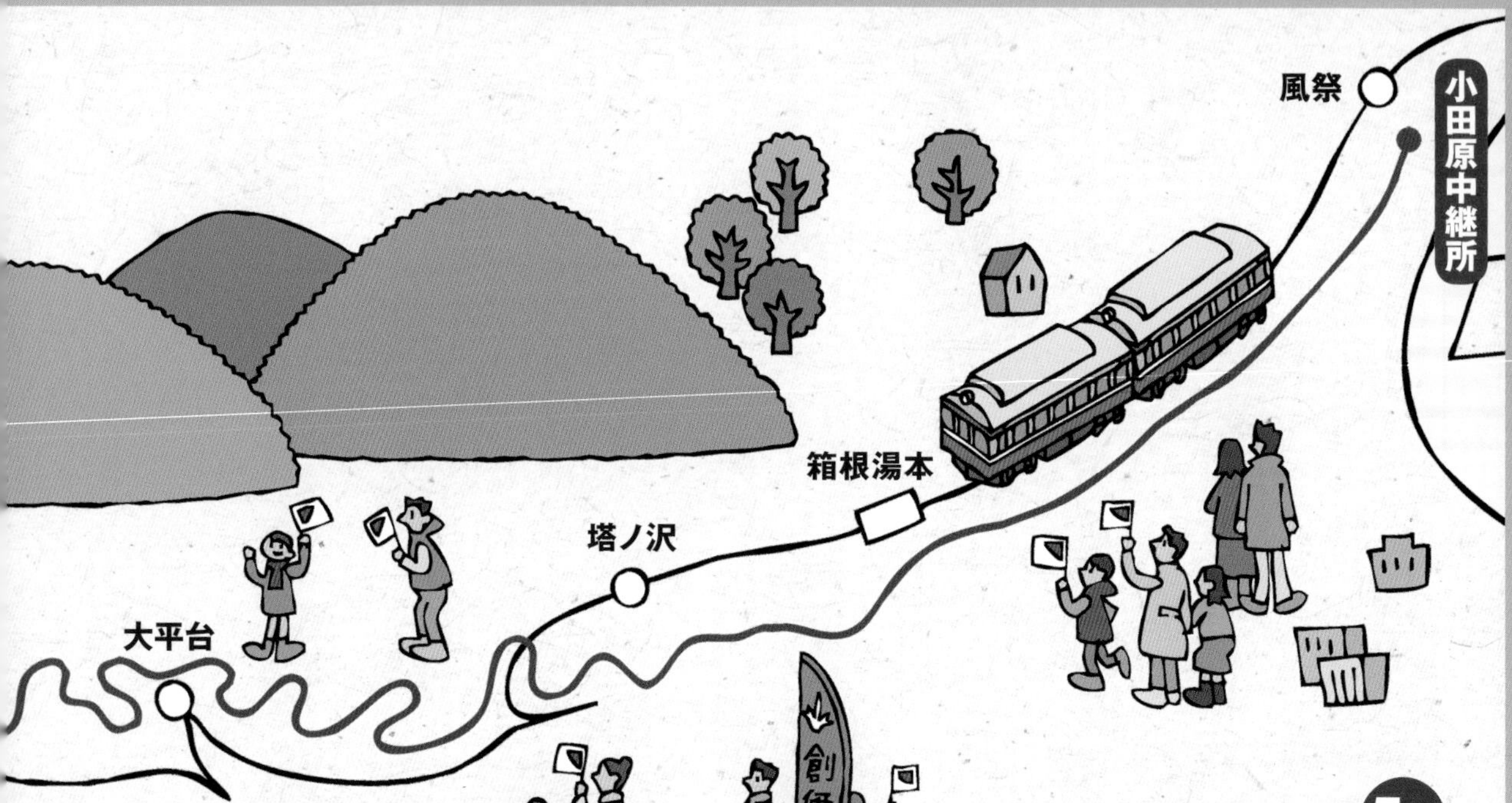

5区

標高《ひょうこう》約40《メートル》から出発。箱根湯本駅の先から約13キロ《メートル》にわたって上り坂が続く。16・3キロ《メートル》付近で標高874《メートル》の「1号線最高地点」に到達。その後は一気に下り、最後の約1キロ《メートル》は緩やかな上り坂だ。

第96回大会（2020年）で5区を快走した築舘陽介《つきだてようすけ》（現・創価大学コーチ）は、「最高地点前の下った後の上り坂、そしてラストの緩やか約1キロ《メートル》の上り坂が本当にきつかった」と述懐《じゅっかい》している。築舘は、第93回大会で5区にエントリー予定だったが、貧血《ひんけつ》で叶《かな》わず、その悔しさと主将としての責任感を背負って箱根路を駆《か》け上ったのだ。

5区は個人順位も注目されるが、何より総合順位が問われる。往路優勝を勝ち取れば当然、総合優勝も狙える。5～6位ならシード権争いを優位に進められるが、8～9位ならシード圏外《けんがい》の緊張感も高まってくる。

チームのために、最後の最後まで箱根の山と格闘《かくとう》するランナーたちの雄姿を今大会でも目に焼き付けたい。

5区 往 *FINISH*

▼5区の創大記録

	選手名／学年	区間記録	区間順位	総合記録	チーム順位
第91回大会	セルナルド祐慈②	1:25:32	20位	5:44:45	20位
第93回大会	江藤光輝③	1:17:32	16位	5:39:25	9位
第96回大会	築舘陽介④	1:13:12	12位	5:27:34	7位
第97回大会	三上雄太③	1:12:05	2位	5:28:08	1位
第98回大会	三上雄太④	1:13:32	12位	5:27:44	8位
第99回大会	野沢悠真①	1:13:26	13位	5:29:15	10位

第100回大会

選手名

区間タイム　　　　（区間　　位／チーム順位　　位）

※コースの変更により、第92回大会（2016年）以前の5区のタイムは参考記録となります。

6区 復 *START*

▼6区の創大記録

	選手名／学年	区間記録	区間順位	総合記録	チーム順位
第91回大会	小島一貴④	1:00:51	12位	6:45:36	20位
第93回大会	作田将希②	1:02:08	19位	6:41:33	14位
第96回大会	葛西　潤①	1:00:25	16位	6:27:59	10位
第97回大会	濱野将基②	58:49	7位	6:26:57	1位
第98回大会	濱野将基③	59:04	9位	6:26:48	8位
第99回大会	濱野将基④	59:12	4位	6:28:27	6位

第100回大会

選手名

区間タイム　　　　　　（区間　　位／チーム順位　　位）

6区

復路の2キロ《メートル》地点から4・5キロ《メートル》の「1号線最高地点」までの序盤は高低差約120《メートル》を上る6区最初の難所であるにもかかわらず、テレビ中継で目にする機会がほとんどない。なぜなら、時間差での復路スタートを映している間に、先に走り出した選手たちが次々と通過してしまうからだ。

そこから一転して、ダウンヒルコースに。コーナーが連続するため、コース取りが重要で、最短距離をうまく突きながら走ることが求められる。

創価大学は、第97回大会（2021年）で濱野将基が区間7位で快走。その後も3年連続6区を任《まか》され、創価躍進《やくしん》の立《たて》役者《やくしゃ》の一人となった。とくに第99回大会では、総合順位を10位から6位へと引き上げた。彼の走りが4年連続シード権獲得を手繰《たぐ》り寄せたといっても過言《かごん》ではない。

「山を制する者は箱根を制す」というように、箱根駅伝で勝つためには特殊区間6区を任される選手の育成が必須だ。

今大会で濱野に続くのは、果たしてだれなのか。新たな山下りのスペシャリスト誕生に期待したい。

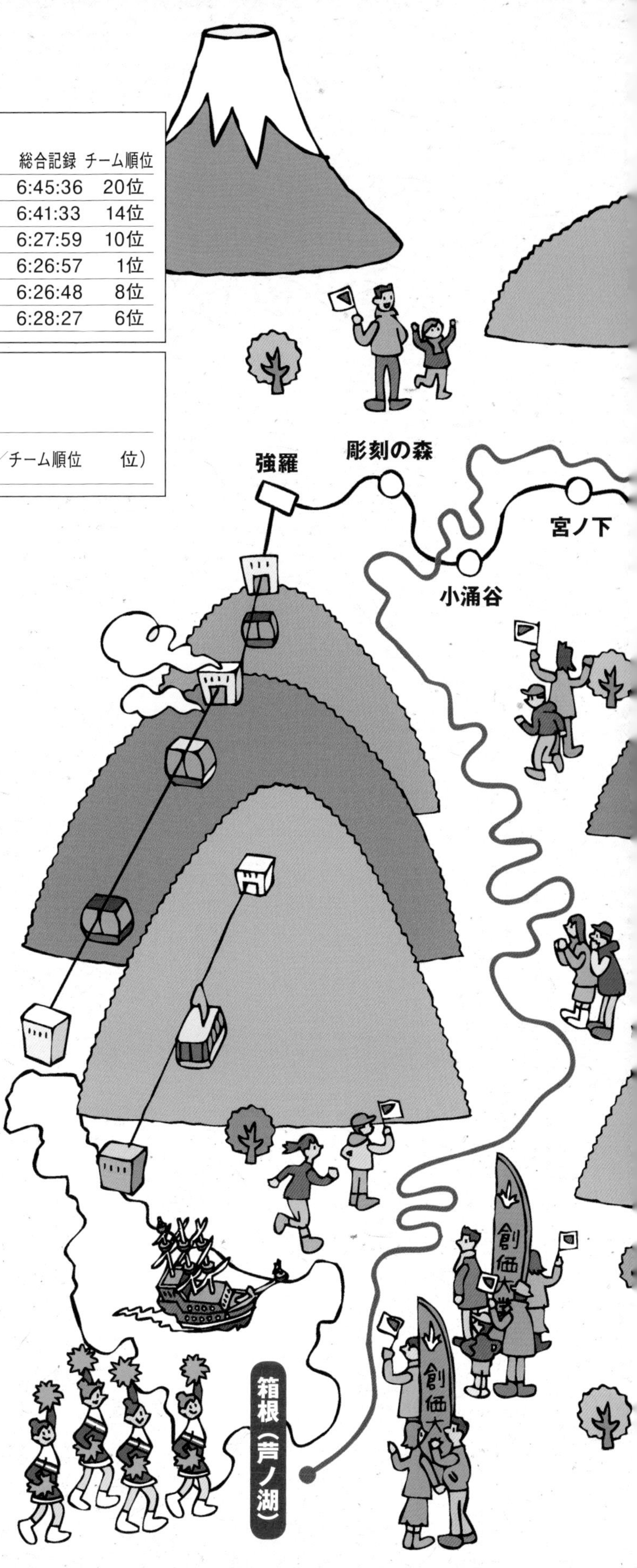

吉田悠良班

前列左から、
三坂佳賞、大橋清陽、
岡野智也、桑田大輔、
後列左から、
樋渡雄太、吉田悠良 、
石橋さくら

望月班

左から、
根上和樹、山下蓮、
石丸惇那、望月遥平、
小暮栄輝、水町彩乃、
川上翔太

石井班

左から、
山下唯心、濱口直人、
諸石明日花、岩本信弘、
石井大揮、竹田康之助、
池邊康太郎

フォトダイアリー春夏秋冬

最強《さいきょう》世代といわれた49期生が卒業し、今季のチームはだれもがエースになりうる状況下で、一人ひとりが「自分こそが主人公になる！」との熱き想いを胸にスタートしました。

以来、それぞれが主体性をもち、支え合いながら練習に励み、チームをゼロから創《つく》り上げる〝挑戦〟をしています。主体的に行動することで人間力が上がり、競技力にもつながります。チーム一丸となって創り上げる新しい創価のカラーにご期待ください。

創・攻・主
〜ゼロからの挑戦〜

創・・・創価大学の時代を築く

攻・・・練習や試合で攻める走りをして、結果を求めていく

主・・・主体性や自主性をもった行動をし、創価大学が今年の主人公になる

区間エントリーを懸けて真剣勝負で走り込む選手たち

監督が苦悩した箱根駅伝区間オーダー

2022年12月14日、箱根駅伝エントリーメンバーは静岡・島田《しまだ》で合宿を行っていた。午前中のメニューは30キロ《メートル》走。本番直前のポイント練習は選考にも大きくかかわってくる。緊張《きんちょう》感《かん》みなぎる雰囲気《ふんいき》のなか、榎木《えのき》和貴《かずたか》監督の表情はいつも以上に険《けわ》しい。

一方、選手たちの動きは軽快《けいかい》だった。強風のなか、だれ一人こぼれることなく設定ペースどおりに30キロ《メートル》を走破《そうは》した。しかし、集団のなかに創価大学の〝顔〟ともいえる選手がいなかった。葛西潤《かさいじゅん》、嶋津雄大《しまづゆうだい》、新家裕《にいなえゆう》太郎《たろう》の4年生トリオだ。

葛西は脚の不安を訴《うった》えて島田合宿は不参加。嶋津は前日、ジョグ中に歩道の段差で右足首を捻《ねん》挫《ざ》した。新家も脚を痛《いた》めて、別メニューだったのだ。3人の主力を欠《か》いたポイント練習。榎木監督の心情《しんじょう》は複雑だった。

「前年と比べても遜色《そんしょく》なく、予定通りの練習はできています。葛西は八王子に残ってしっかりと調整していますので、レースには間に合うと思います。嶋津は前日に捻挫したので、今日

エントリーメンバーを中心とした強化合宿は熾烈な競争の日々でもある

12月９日のミーティングで発表された16人のエントリーメンバー。翌日から島田合宿に出発した

は大事を取ってやらせていません。新家も、いまは状態がよくないんですけど、問題なく走れるようになれば、山区間で活躍できると思っています」

本番２週間前から「調整」に入ることを考えると、この時期は最後の「追い込《こ》み」となる。ここでのトレーニングが不足すれば、本番に大きく影響するのは明らかだ。榎木監督に弱気《よわき》な発言はなかったが、創価大学は窮地《きゅうち》に立たされていた。

一方で下級生は力をつけているようだった。

「当初は４年生を中心にオーダーを組まなきゃいけないかなと思っていたんですけど、１・２年生に勢《いきお》いが出てきました。使いたい選手が増えてきたので、悩ましいですね。あとは15キロ《メートル》の単独走《たんどくそう》をするので、練習の余裕度を見極《みきわ》めて、オーダーをしっかりと固めていきたいと思います」

そして、本番への戦略《せんりゃく》について、榎木監督はこう語った。

「往路優勝を狙《ねら》うのであれば、１区葛西、２区ムルワ、４区嶋津というオーダーがいいと思います。でも総合優勝を狙うなら、葛西と嶋津をできるだけ後ろに使って、最後まで攻《せ》め切りたい。葛西は１区、３区だけでなく、４区を含めて往路の候補です。往路に三本柱《ばしら》の２人を入れる場合は３位以内で折《お》り返したい」

榎木監督の話を総合すると、２区はフィリップ・ムルワ（４年）。葛西を４区に置いて、新家が山区間。嶋津を復路のポイント区間にまわす戦略が濃厚《のうこう》のようだった。ただし、それは全員が万全《ばんぜん》な状態のときだ。命運《めいうん》を握《にぎ》る最上級生はスタートラインに立てるのか。

12月29日、箱根駅伝の「区間エントリー」が行われた。１区横山魁哉《かいや》（４年）、２区フィリップ・ムルワ、３区山森龍暁《りゅうき》（３年）、４区嶋津雄大、５区野沢悠真《ゆうま》（１年）、６区濱野将基《はまのまさき》（４年）、７区葛西潤、８区桑田大《だい》輔《すけ》（３年）、９区緒方貴典《おがたたかのり》（４年）、10区石丸惇那《じゅんな》（１年）を登録。前回は当日変更で５人を入れ替《か》えたが、今回はこの10人が出走《しゅっそう》した。新家はメンバーから外《はず》れ、葛西は往路ではなく復路にまわった。オーダーから榎木監督の苦心《くしん》が伝わってくるようだった。

区間エントリーが発表された年内最後のミーティング。戦いを目前にそれぞれの役割を確認し合う

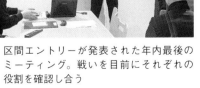

朝8時、大手町のスタート地点に並ぶ1区の選手たち

第99回 箱根駅伝ドキュメント

団結と攻めの走りで 4年連続シード権を獲得

ついに決戦の幕が開いた。2023年1月2日の朝8時、21本の襷《たすき》が大手町を出発した。2キロ《メートル》付近で関東学生連合・新田颯《にったはやて》（育英《いくえい》大学／4年）が抜《ぬ》け出す展開になったが、横山魁哉は優勝候補の駒澤大学を徹底《てってい》マーク。動きがよくないと感じていた横山だが、うまくレースの流れを読んでいた。

六郷橋《ろくごうばし》の下り坂を利用して明治大学・富田峻平《とみたしゅんぺい》（4年）がペースアップ。新田を抜き去《さ》り、最初に中継した。横山は上り坂で遅れたが、下り坂で反撃《はんげき》する。先頭と18秒差、2位の駒澤大学とは9秒差の5位。絶好の位置で襷をつないだ横山は、最初で最後の箱根駅伝で完全燃焼《かんぜんねんしょう》した。

「欲《よく》をいえば区間賞を獲《と》りたかったですし、駒澤大学の前で渡したかった。でも先頭集団で粘《ねば》るという自分の走りはできたので、いまの力を出し切ったと思います」（横山）

次は、3年連続で花の2区を走るフィリップ・ムルワ。2年時に区間6位、3年時に区間2位、最後の箱根では区間賞を狙《ねら》っていた。

しかし、いつものようなキレがない。前日までは好調だったが、当日の朝食後に嘔吐《おうと》していた。ほぼ同時に走り出した中央大学・吉居大和《よしいやまと》（3年）についていけない。権太坂《ごんたざか》では青山学院大学・近藤幸太郎《こうたろう》（4年）にもかわされた。それでも明治大学と法政大学を抜き、5位で襷を渡した。設定タイムからは1分近く遅れたが、努力家のムルワは最後まで必死で駆《か》け抜《ぬ》けた。

「状態がよくないなかでも区間3位以内を目標に頑張りました。でも、2区はみんな強いので、そこまでは難《むずか》しかった。区間6位はうれしくない。悔《くや》しいです」（ムルワ）

3区の山森龍暁は順位変動が激しい区間で踏《ふ》ん張った。國學院大学・山本歩夢《あゆむ》（2年）に抜

1区の先頭集団で快走する横山魁哉

かれた後、追い上げてきた順天堂大学・伊豫田《いよだ》達弥《たつや》（4年）に食らいつく。早稲田大学・井川《いがわ》龍人《りゅうと》（4年）にもかわされたが、順天堂大学を再逆転。6位で〝大黒柱〟に襷を託《たく》した。

「全日本大学駅伝の悔しさと反省をぶつけました。区間一桁《ひとけた》でまとめたかったので、区間14位は悔しいです」という山森だが、目標タイムに数秒遅れで走り切った。

4区は3年連続で同区間となった嶋津雄大。右足首を捻挫《ねんざ》した影響で仕上がりはよくなかった。3度目の区間賞を狙っていたが、今回は自分自身との戦いが待っていた。嶋津は3秒先にスタートした早稲田大学・佐藤航希《こうき》（3年）を抜き去るも、東京国際大学のイェゴン・ヴィンセント（4年）に並ばれた5キロ《メートル》付近から右ふくらはぎに痛みを感じ、「走り切れるのか」という不安と戦いながら単独走で前を追いかけた。終盤《しゅうばん》は両脚が攣《つ》り始めて早稲田大学に再逆転を許すが、必死で食らいつき、持ち味の粘り強さを発揮して4度目の箱根路《はこねじ》を無事に完走した。

「痛みとの戦いでしたが、終盤で早稲田大学の選手が前に来てくれたのが走り切れた要因だと思います。3年時（前々回）の4区では脚の痛みに耐《た》えられず50《メートル》ほど歩く場面もあったんですけど、今回は痛みに勝てた。それに沿道《えんどう》の声援がこれまでいちばん多かったんです。おかげで最後まであきらめずに走り切ることができたと思います。苦しみながらも楽しみました」

前年のタイムから1分以上遅れての区間8位。しかし、脚の状況とチーム事情を考えると、嶋津が4区にいたことは非常に大きかった。

花の2区を全力で走り抜き、3区・山森龍暁に襷を渡すフィリップ・ムルワ（戸塚中継所）

〝箱根駅伝に愛された男〟との異名をもつ嶋津雄大は足首の不調を抱えながらも4区で粘りの走りを見せた

5区の野沢悠真は11月19日に行われた激坂最速王《げきさかさいそくおう》決定戦〈登りの部〉で4位に入った選手。7位で走り出すが、順天堂大学・四釜峻佑《しかましゅんすけ》（4年）、法政大学・細迫海気《ほそさこかいき》（3年）、城西大学・山本唯翔《ゆいと》（3年）にかわされる。四釜と山本は区間新記録を叩《たた》き出しており、相手が悪かった。

「早稲田大学が5秒前にいたの

初めての箱根で果敢に山上りに挑んだルーキー・野沢悠真

で、すぐに追いついて一緒にレースを進めました。前半はいいペースで刻《きざ》んでいたんですけど、頂上《ちょうじょう》付近で脚が思うように動かなくなり、下りもスピードに乗れませんでした。目標タイムに届かず、順位を落としてしまって悔しいです」(野沢)

10位で芦ノ湖《あしのこ》のゴールに駆け込んだ野沢のタイムは1時間13分26秒。前年の三上雄太《ゆうた》(現・中国電力)より4秒よかった。

往路を終えて、首位の駒澤大学とは6分05秒差。総合優勝への灯はほぼ消えかけていたが、4位の國學院大学とは2分05秒差。復路メンバーは反撃を誓《ちか》っていた。

往路10位からの反転攻勢で強さを証明

復路のスタートとなる6区は3年連続の山下りとなる濱野将基。今季の学生駅伝は箱根が最初で最後となり、大学で競技と別れを告《つ》げる。1年前、「下りは嫌《いや》だ」と言っていた男は1月3日に向けて〝カウントダウン〟の日々を過ごし、見事な職人技《しょくにんわざ》を見せる。城西大学、東京国際大学、順天堂大学をかわすと、芦ノ湖では4分02秒差もあった青山学院大学まで抜き去ったのだ。

「往路10位はいい順位ではなかったんですけど、4位まで2分ちょっとだったので〝そこまでは行ける〟と、葛西と話していたんです。箱根が競技人生最後のレース。やり残すことがないように、絶対に順位を上げて、いい位置で葛西に襷を渡そうと思っていました」

濱野は区間4位の快走。順位を4つも押し上げて、7区の葛西潤に襷を手渡した。

「最後の箱根、走れなかった同期の思いもあったので、少し無理してもチームの力になりたいと思って走りました」(葛西)

創価大学のエースは3位の早稲田大学と1分56秒差の6位で走り出す。2キロ《メートル》過ぎに法政大学をかわすと、区間記録を7秒も上回るペースで二宮《にのみや》(14キロ《メートル》地点)を通過。3位争いの國學院大学と早稲田大学に13秒差まで迫《せま》っていた。

葛西は3週間前に左脛《ひだりすね》を疲労骨折。直前のトレーニングが十分ではなかったが、とにかく攻めた。

「7キロ《メートル》くらいでだいぶしんどかったんです。練習が積《つ》めていなかったので覚悟《かくご》はしていま

最後の箱根で6区・濱野将基から7区・葛西潤へ、4年生同士の襷リレー(小田原中継所)

先輩への感謝とリスペクトの想いを胸に湘南を駆け抜ける8区・桑田大輔

第99回箱根駅伝（2023年）創価大学個人記録

区間	名前	区間タイム	区間順位
1区	横山魁哉	1時間03分02秒	5位
2区	フィリップ・ムルワ	1時間07分29秒	6位
3区	山森龍暁	1時間02分58秒	14位
4区	嶋津雄大	1時間02分20秒	8位
5区	野沢悠真	1時間13分26秒	13位
6区	濱野将基	59分12秒	4位
7区	葛西　潤	1時間02分43秒	1位 ★区間賞
8区	桑田大輔	1時間05分07秒	9位
9区	緒方貴典	1時間08分23秒	2位
10区	石丸惇那	1時間11分15秒	15位

主将・緒方貴典は魂のラストランで順位を４位まで押し上げた

したが、残り14キロ《メートル》はずっときつかったですね」（葛西）

苦しみながらも襷を前に運ぶ。そして、区間歴代9位の1時間2分43秒で区間賞に輝《かがや》いた。

8区は桑田大輔。前年は逆行する3区で区間17位と苦戦したが、今回は復路で奮起《ふんき》した。

「葛西さんの状態がよくないのはわかっていたので、襷を無事に届けてもらうだけでもありがたかった。4年生がつないできてくれた襷を主将の緒方《おがた》さんにいい位置で渡そうと、最後は意地《いじ》と根性で走りました」

終盤は脚が攣りそうになり、太腿《ふともも》を叩きながら駆け抜けた。順位を一つ落としたが、8区終了時で、國學院大学、早稲田大学、法政大学、順天堂大学、創価大学の5校が15秒差のなかにひしめいていた。

壮絶《そうぜつ》な3位争いとなった9区は主将・緒方貴典が突《つ》き進んだ。

「今季のチームスローガンである『強さの証明』を自分が体現しようと、攻めの走りをしました」（緒方）

3・8キロ《メートル》で3位集団に迫《せま》ると、背後《はいご》につくことなく前に出た。その後、浮上《ふじょう》してきた青山学院大学・岸本大紀《ひろのり》（4年）を猛追《もうつい》。後半10キロ《メートル》は脚が攣りそうになりながら、区間歴代8位の1時間8分23秒を叩き出し、アンカーの石丸惇那に4位で襷をつないだ。

「緒方さんが、23キロ《メートル》を走った後とは思えない笑顔で襷を渡してくれたので、フレッシュな気持ちで走り始めることができました」という石丸だが、終盤は苦しんだ。

今季は出雲《いずも》と全日本の両駅伝を経験するも、ハーフマラソンは未経験。重圧《じゅうあつ》のかかる23キロ《メートル》の道のりは長かった。

「20キロ《メートル》以降は脚が動かなくて、体力がなくなっていたんですけど、榎木監督の声と先輩方から受け取った襷が力になりました」（石丸）

順位を4つ落とすも、しっかりと大手町まで襷を運び、4年連続でシード権《けん》を獲得した。総合優勝した駒澤大学の背中は遠かったが、終盤までトップ3《スリー》を争い、総合成績は10時間55分55秒（総合8位）。217・1キロ《メートル》を駆け抜け、3位の青山学院大学とはわずか1分30秒差だった。

10区の23kmを走り抜き、8位でフィニッシュしたアンカーの石丸惇那

就任4年目の指揮官の戦略

就任4年目となる榎木監督にとって、今回は特別な思いがあった。現在の4年生とともに創価大学に〝入学〟したからだ。一つの集大成《しゅうたいせい》として、箱根駅伝の総合優勝にチャレンジしたが、どのような戦略だったのだろうか。

「1区に中央大学の吉居大和くんが来ないと思ったときから、スローペースになることは予想していました。横山は全日本の1区で自信をつけ、直前の練習も自信に満《み》ちあふれていました。最後は力を振《ふ》り絞《しぼ》って、いい仕事をしてくれたと思います。2区ムルワのところでトップに立つという構想を描いていたんですけど、体調不良のなかでもムルワは強さを見せてくれました。3区山森は往路でいちばんの不安要素でしたが、積極的な走りをしてくれました。来季はエースとして頑張ってほしいと思います。4区嶋津は〝箱根駅伝に愛された男〟ですが、12月にケガをしてしまい、10日間走れない時期がありました。スタミナの部分できつかったはずですが、彼が常々《つねづね》言っている『心で走る』を体現してくれたと思います。5区野沢は、普通なら抑《おさ》えていくところを、前の早稲田大学につきました。1年生で攻めの選択をしてくれたことは、来年につながってくると思います」

〝往路を3位以内で折り返す〟のが理想だったが、10位に終わった。しかし、それが復路メンバーに火をつけた。〝復路優勝で巻《ま》き返そう〟と、4年生が燃えていたのだ。

「6区濱野は自信をもって送り出しました。得意な下りに入ってどんどん加速していき、勢いをつけて葛西につないでくれたと思います。7区葛西は疲労骨折で、直前はトレーニングができませんでした。そのなかでも必死にできることを重ねて、スタートラインに立ってくれたんです。気持ちでは一歩も引くことなく、最後まで攻め続けてくれたレースには感動させられました。8区桑田は次期エース候補の一人です。後半は得意の上りでしっかりと挽回《ばんかい》してくれると思っていました。来年は区間賞を狙うぐらい攻めた走りを期待したいと思います。主将の緒方は4年間苦労して、やっと箱根の舞台をつかんだ選手です。今季はなかなか結果を残せず悩んだ時期もあったと思いますが、主将の覚悟で秋口《あきぐち》から調子を上げてきて、メンバー争いを勝ち取りました。そして23キロ《メートル》という距離をしっかりと攻《こう》略《りゃく》して、最後まであきらめない走りを体現してくれたと思います。10区石丸は将来、チームを背負《せお》ってもらわなきゃいけない選手ですので、その期待を込めて起用《きよう》しました。後半は苦しい走りになりましたが、この経験、

第99回箱根駅伝（2023年）順位

総合順位	大学名	総合タイム
1	駒澤大学	10時間47分11秒
2	中央大学	10時間48分53秒
3	青山学院大学	10時間54分25秒
4	國學院大学	10時間55分01秒
5	順天堂大学	10時間55分18秒
6	早稲田大学	10時間55分21秒
7	法政大学	10時間55分28秒
8	創価大学	10時間55分55秒
9	城西大学	10時間58分22秒
10	東洋大学	10時間58分26秒
11	東京国際大学	10時間59分58秒
12	明治大学	11時間01分37秒
13	帝京大学	11時間03分29秒
14	山梨学院大学	11時間04分02秒
15	東海大学	11時間06分02秒
16	大東文化大学	11時間06分08秒
17	日本体育大学	11時間06分32秒
18	立教大学	11時間10分38秒
19	国士舘大学	11時間13分56秒
20	専修大学	11時間19分28秒
参考	関東学生連合	11時間17分13秒

10人が全力疾走で襷をつなぎ、総合8位（往路10位・復路4位）、4年連続シード権を獲得した

大学に戻り、お互いの健闘を称え合う選手たち

悔しさを来年以降にしっかりぶつけてほしいと思います」

榎木監督は出走した10人全員を評価した。

激走を見せた10人の気持ちを駆り立てたのが、走れなかった選手たちの思いだ。最後のチャンスに副将・本田晃士郎《こうしろう》、寮長・市原利希也《りきや》ら6人の4年生がサポートにまわった。

山候補だった新家は12月7日に疲労骨折が判明《はんめい》。「エントリーから外してほしい」と直訴《じきそ》するも、榎木監督は彼の可能性に最後まで懸《か》けていた。〝悔しい、苦しい3週間〟を過ごした新家だったが、最後は葛西の給水係を務《つと》めた。「4年間ありがとう」と声をかけると、葛西から「お前のために走ってんねん」と、逆に背中を叩かれ、涙があふれた。

チームのレベルが上がったことで、レギュラー争いは熾烈《しれつ》を極《きわ》めた。桑田は、「思い出すのも嫌なくらい、毎日、胸が張《は》り裂《さ》けそうでした」と、苦しかった日々を振り返る。5年目となる嶋津は、「僕がいなければ、もう一人走れるのでは」という葛藤《かっとう》があったという。葛西や濱野は、「走れない4年生の分まで」という気持ちで最後の箱根路に懸《か》けた。

アンカーを務めた石丸はゴールした後、顔を上げることができなかった。しかし、「1年生で23キロ《メートル》を走ってくれてありがとう」という皆の声に救《すく》われたと語り、「このチームは優《やさ》しさにあふれていると感じました。創価大学に来て本当によかった。来年も〝総合優勝が目標〟と言えるように頑張りたい」と先輩たちの〝思い〟を引き継《つ》いだ。

第100回記念大会に向け、創価大学の挑戦はまだまだ続く。

八王子の火災現場で救助活動

2023年の箱根駅伝は、ピンチを乗り越えて総合8位でフィニッシュ。4年連続となるシード権《けん》を獲得《かくとく》した。

激闘から9日後の1月12日、新主将となった志村健太《けんた》と望月《もちづき》遥平《ようへい》（ともに当時3年）が白馬寮の食堂で昼食をとっている最中、異変《いへん》を察知《さっち》した。

八王子消防署からの感謝状を受け取った選手たち（左から本田晃士郎、志村健太、望月遥平、市原利希也）

「寮の近くの建物から煙《けむり》が上がっているのが見えたんです。〝大変だ、火事だ！〟と、望月と一緒に寮から飛び出し、200《メートル》ほど離れた火災現場に向かって走りました」（志村）

猛然《もうぜん》とダッシュしていく2人の姿に気づいた葛西潤《かさいじゅん》、市原利《り》希也《きや》、本田晃士郎《こうしろう》（ともに当時4年）も、すぐにあとを追った。

「火元は平屋《ひらや》の倉庫でした。逃《に》げ遅れた人が延焼《えんしょう》に巻《ま》き込《こ》まれたら大変なので、大きな声を出して周囲に声をかけました。すると、倉庫の隣《となり》の建物の2階に逃げ遅れた女性が2人いたのです。葛西さんと望月が石垣《いしがき》にのぼって2階の窓を叩《たた》き、みんなで協力して窓から階下へ2人を避難誘導《ひなんゆうどう》しました」（志村）

迅速《じんそく》な救命活動の甲斐《かい》あって、幸い2人にケガはなかった。

後日、部員5人を含め、救助にあたった創大生6人に八王子消防署から感謝状が贈られた。原崎義之署長（当時）は「まさに救命のリレーを襷《たすき》でつないでいただいた」と感謝の意を述べ、駅伝部員の勇気と行動力を称《たた》えた。

創・攻・主　ゼロからの挑戦

「創・攻・主 ～ゼロからの挑戦～」というスローガンのもと新チームが始動した。

学生主体で意見を出し合ったスローガンには、創価大学の時代を築《きず》き、攻めの走りで結果を求めて、主人公になるという熱い思いが込められている。同時に今季は「三大駅伝で3位以上」という高い目標を定めた。

「スローガンの『創・攻・主』は選手からの発信で、私が『ゼロからの挑戦』というサブタイトルをつけました。卒業生が積み上げてきたものを一度リセットするような形で新チームを築いていく必要があるからです。目標は高すぎるかなと思ったんですけど、箱根駅伝は来年、第100回大会を迎《むか》えますし、出場するからには上を目指したい、という学生たちの意見を尊《そん》重《ちょう》しました」（榎木監督）

前年のスローガン「創姿顕心」とともに白馬寮には新スローガンが掲げられている

新1年生が希望あふれる入寮式

3月9日には新1年生を迎えて白馬寮で入寮式が行われた。

席上、初々《ういうい》しい新入生の紹介とともに築舘《つきだて》陽介コーチの就任《しゅうにん》というサプライズも発表され、勝利への盤石《ばんじゃく》な布陣《ふじん》が整った。

フレッシュな新入生は早速、ユニフォームに身を包《つつ》み、駅伝部の牙城《がじょう》・白馬寮で決意みなぎる4年間を踏《ふ》み出したのである。

晴れの入学式を迎えた新1年生が創価大学中央教育棟の前で（4月2日）

大橋清陽

大岩準

池邊康太郎

川上翔太

織橋巧

岡野智也

篠原一希

齊藤大空

小池莉希

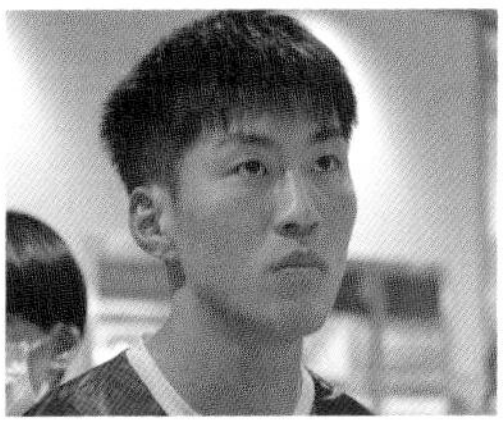
川田聖真

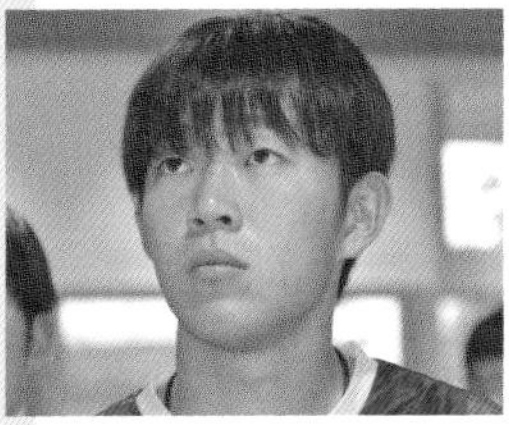
根上和樹

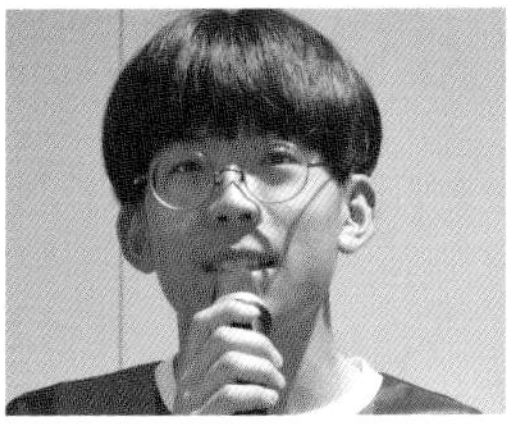
新家蒼吾

スティーブン・ムチーニ

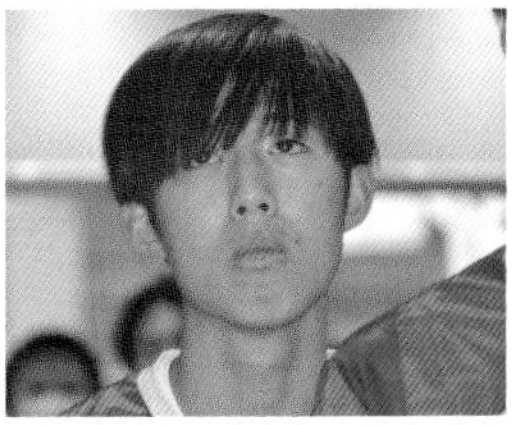
細田峰生

新1年生が白馬寮の多目的室に集合

感謝と歓喜がはじける歓送迎会

　卒業式前日（3月17日）にはにぎやかに歓送迎会を開催。学生やスタッフをはじめ、大学関係者や支援者が真心込めて準備してくれたアットホームな宴《うたげ》では、終始笑顔で会話も弾《はず》む。

　あこがれの先輩を前にうれしさと緊張が交錯《こうさく》する新1年生。卒業する先輩たちには在校生から手書きの色紙《しきし》が贈られ、あちこちで記念撮影の輪が広がる。

　久保田満《みつる》コーチが1年間撮りためた選手たちの秘蔵《ひぞう》写真を公開すると、会場は笑いの渦《うず》に包まれた。

　ここには、来日したフィリップ・ムルワの両親の姿もあった。コロナ禍《か》のため、在学中には箱根駅伝の応援に来ることもできず、卒業式で初めて創価大学を訪れることができたのである。

「息子は4年間で本当に強い選手に成長しました。卒業後は実業団でも大学時代と同じように輝《かがや》いて活躍してほしい」（ムルワの父）

「創価大学、ありがとう！ 感謝しかありません」（ムルワの母）

　両親から、榎木監督をはじめ、スタッフへの感謝を込めて、サイザル麻《あさ》の手編《てあ》みのカゴバッグが贈られた。

「こうして頭にかけて使うんですよ」と、神立《かんだち》孝一副学長にレクチャーされると、場内の盛り上がりはピークに……。楽しげな笑い声と大きな拍手はいつまでも続いた。

　こうして迎えた3月18日の卒業式。〝最強世代〟と呼ばれ、駅伝部の歴史に輝く爪痕《つめあと》を残した49期生が卒業していった。

ムルワの両親が白馬寮を初訪問

白馬寮の食堂で行われた歓送迎会。卒業する4年生が笑顔でピース

神立副学長の音頭で乾杯！

卒業式の日に4年生が記念撮影（前列左から高木真弓、石川由香、本田晃士郎、市原利希也、緒方貴典、嶋津雄大、後列左から葛西潤、片岡渉、榎木監督、濱野将基、フィリップ・ムルワ、新家裕太郎、横山魁哉、甲斐治輝、松田爽汰、瀬上スカウト編成部長）

ムルワの両親が神立副学長の頭にケニアの伝統的なカゴバッグをかけて謝意を表した

勢いよく始動した新チーム

新チームのロケットスタートは快調だった。

ロードでは2023大阪ハーフ(1月29日)で野沢悠真《ゆうま》(2年)が62分44秒の自己新を出したほか、石丸惇那《じゅんな》(2年)が62分58秒の好タイム、山下唯心《ゆいと》、森下治《はる》(ともに4年)が64分台の自己ベストで走破《そうは》した。

香川丸亀《まるがめ》国際ハーフ(2月5日)では小暮栄輝《えいき》(3年)が62分18秒の自己新を叩《たた》き出す。

日本学生ハーフマラソン選手権(3月12日)は、「3位以内」でワールドユニバーシティゲームズの日本代表が内定する。有力校の主力選手が大挙《たいきょ》出場して、ガチンコ勝負を繰り広げるなかで、創価大学勢も大健闘。吉田悠良《ゆら》(4年)が63分44秒、竹田康之助《こうのすけ》(2年)が64分45秒の自己新をマーク。さらに、小暮が5位(62分55秒)、野沢が7位(62分58秒)と、日本代表には十数秒届かなかったが、ダブル入賞を果たしたのだ。

「二人とも最後まで3位以内を狙《ねら》ってくれた。実力ある選手たちと終盤《しゅうばん》まで対等に戦えた姿に成長を感じました。学生ハーフは、これまで上位で争った経験がなかったので、チームは進化《しんか》しています」(榎木監督)

新主将・志村健太(4年)も奮起《ふんき》した。志村は三大駅伝の出場は一度もないが、榎木監督が「チームで一番努力できる」と評価する選手。主将になったことで責任感が増し、チームを背中で引っ張っている。

1月の奥球磨《おくくま》ロードレース大会(ハーフ)で63分37秒の自己ベストを出して、延岡《のべおか》西日本マラソン(2月12日)に挑戦。初マラソンを2時間15分44秒で走り切り、10位に入った。箱根駅伝出場校が多く参戦《さんせん》した大学対抗ペアマラソン(4月2日)でも5位に食《く》い込んでいる。

「強かった世代が卒業して、戦力的に落ちるという見られ方をしていたと思うんですけど、ロードシーズンはしっかりと期待に応えてくれました。上級生の覚悟、新チームの意気込みをすごく感じました」(榎木監督)

新入生が加わり、トラックシーズンが始まってからも、創

日本学生ハーフマラソン選手権・野沢悠真

日本学生ハーフマラソン選手権・小暮栄輝

奥球磨ロードレース大会(ハーフ)・志村健太

価大学の勢いは止まらない。絆《きずな》記録挑戦会（4月9日）の5000㍍では、山森龍暁《りゅうき》、上杉祥大《ひろと》（ともに4年）、黒木陽向《ひなた》（2年）、スティーブン・ムチーニ（1年）が13分台に突入。

日本体育大学長距離競技会（4月22日）の1万㍍ではリーキー・カミナ（3年）が27分50秒66、ムチーニが28分05秒98、山森が28分27秒21というハイレベルな自己記録をマークした。

5月中旬の関東インカレ（2部）も力強かった。長距離種目には駒澤大学、青山学院大学、國學院大學という箱根駅伝上位校がひしめいているだけでなく、留学生の参戦も多い。そのなかでムチーニが5000㍍で2位、カミナが1万㍍で3位。3000㍍障害では黒木陽向（2年）が3位、溝口泰良《みぞぐちたいら》（4年）が4位入賞を果たした。

「ムチーニとカミナは自分でレースを組み立てて、しっかり勝負してくれたと思います。また1万㍍では山森が先頭を引っ張るシーンがありました。集団についていくだけでなく、自分でレースを動かせたという点は成長している部分です」（榎木監督）

また、ハーフマラソンで吉田凌《りょう》（3年）が快走。駒澤大学の箱根Vメンバー2人と上位争いを繰り広げ、3位に食い込んだのだ。吉田は前々回の箱根駅伝で8区を区間8位と好走したが、前回は出走が叶《かな》わなかった。その悔《くや》しさを晴らすべく、2月には葛西潤とともにケニア合宿に参加。標高2400㍍のニャフルルで走り込み、心身ともにたくましくなった姿を関東インカレで見せつけた。

先頭から黒木陽向、吉田凌、野沢悠真
（4月9日　ギオンスタジアム）

第8回絆記録挑戦会に出場した選手たち
（4月9日　ギオンスタジアム）

5000mを力走する選手たち。左からスティーブン・ムチーニ、山森龍暁、リーキー・カミナ（4月9日　ギオンスタジアム）

新たな取り組みと新戦力

ロード・トラックともに結果を残している創価大学。今季は選手とコーチ陣がより密《みっ》にコミュニケーションをとれるよう、選手を3チームに分けている。榎木監督がSとAグループ、久保田満ヘッドコーチがBグループ、築舘陽介コーチがCグループを担当し、グループ内の選手をじっくり指導している。

「私一人では選手全員に目が行き届きません。選手たちが話しやすいように、15人前後のグループに分けて、そこから情報を吸《す》い上げています。故障者以外は自己ベストで区切っているんですけど、3カ月スパンで入れ替《か》え、担当コーチがしっかり見るようにしています」（榎木監督）

当初、Sチームは留学生だけでスタートしたが、榎木監督は「ここが4〜5人に増えるとおもしろくなる」と見ている。

また、今季のチームには東海大学1年時に箱根5区を区間2位と快走した吉田響《ひびき》（3年）が転入。「山の神」を目標に競技を続行しており、意識は高い。

チームは今季も「5000メートル13分台を10人以上、1万メートル28分台を16人以上」という目標を掲《かか》げているが、5月末時点で13分台7人、27〜28分台8人と自己ベストが多く誕生した。

「あとわずかという選手も少なくないので、このラインをしっかりとクリアしてチーム力を上げていきたい」（榎木監督）

攻《せ》めの走りで、まずはトラックのタイムを短縮し、天王山《てんのうざん》の夏合宿へと突入する。

池田記念グラウンドで行われたポイント練習（5月30日）

今季、創価大学駅伝部はスタッフの陣容《じんよう》が刷新《さっしん》された。これまで総監督と寮監《りょうかん》を務《つと》めていた瀬上雄然《せがみゆうぜん》氏はスカウト編成部長となり、さらなる人材発掘・チーム強化に向けて全国を奔走《ほんそう》している。また、ヘッドコーチの久保田満《くぼたみつる》氏が新たに寮監に就任したほか、第96回大会（2020年）で主将として初のシード権獲得に貢献した築舘陽介《つきだてようすけ》氏がコーチとして迎《むか》えられた。

左から築舘コーチ、久保田ヘッドコーチ、榎木監督

column 駅伝部の指導陣

～スタッフの奮闘～

競技力の向上は生活の充実から

寮監に就任した久保田満ヘッドコーチは、「（自身の）東洋大学、旭化成《あさひかせい》での寮生活の経験を活かして、まずは食事をサポートしたい」と語る。

現在、朝晩の食事は給食委託会社の（株）LEOC《レオック》による万全のサポートを受けている。しかし、昼食に関しては、定期的に管理栄養士の栄養指導を受けてはいるものの、大学の食堂やコンビニ、自炊《じすい》など、選手個人に任《まか》されている。

久保田ヘッドコーチは大学時代、「食事に対する意識が低く、競技成績が伸び悩《なや》んだ仲間たちの姿を見てきた」という。

「〝朝晩、しっかり食べているから大丈夫《だいじょうぶ》〟と、昼食をパンだけで済《す》ませてしまうなど手を抜いていると、競技力に影響が出ます。ただ、選手が自分だけで食事の管理をするには限界があるので、一品でも追加してあげるとか、具体的なケアができないかと考えています」

食事だけでなく、睡眠《すいみん》時間にも気を配っている。

「22時から午前2時までは、成長ホルモンが分泌《ぶんぴつ》されるゴールデンタイムなのですが、就職活動や身体のケアなどで、消灯《しょうとう》時間が遅れることもあります。ですから、ゴールデンタイムにしっかりと睡眠がとれるようにサポートしています」

これまで親の助けがあって生活していた彼らに完璧を求めるのは難しいと思うからこそ、競技者の先輩として的確《てきかく》なアドバイスができるよう努めている。さらに、寮監の立場から、親のような目線で選

白馬寮周辺を掃除する寮監の久保田ヘッドコーチ

手たちを見守る久保田ヘッドコーチは、「今日から雨の日が続きますから……」と、乾燥室から選手たちの乾《かわ》いたシューズを黙々《もくもく》と取り出していた。

選手にとって身近な存在に

「打診《だしん》があったときには断《ことわ》ろうと思っていました。でも、『チームが強くなった過程を選手に伝えてほしい』と言っていただき、〝大尊敬する榎木監督のもとでもう一度、陸上にかかわれることは価値がある〟と思って、創大に戻ってきました」とはにかむ築舘陽介コーチ。

現在、25歳の築舘コーチは選手たちと自然体で気さくにコミュニケーションができる。

選手のタイムを計測する築舘コーチ

選手と監督との橋渡しは、若きコーチの役割のひとつだ。さらに成長著《いちじる》しいチームだからこそ、見落としてしまう盲点も見逃《みのが》さない。

「チームが強くなると、伸び悩んだり、故障している選手と、成長している選手との格《かく》差《さ》が大きくなるんです」

駅伝部では、今季からS・A・B・Cとチームごとに分けた練習メニューを導入し、築舘コーチはCチームを担当している。Cチームは、土台づくりが必要な選手に加え、これまで故障した選手で構成される。故障した選手の立ち上げメニューは各人に任せられていたが、現在は、築舘コーチが監督と相談しながら練習メニューを組み立て、一人ひとりとかかわっているのだ。

「だれでも故障はします。でも、故障してもスタッフがきちんと見てくれる体制があれば、寂《さび》しい思いはしないと思うんです」

創価大学駅伝部の躍進《やくしん》の要因のひとつは、「チーム全体の一体感」だという。創価大学では、「強い選手だけが活躍できれば、駅伝で勝てる」という発想をしない。すべての選手を強くしたい——その思いでスタッフは、今日も試行《しこう》錯誤《さくご》を続けている。

スピード強化で成長の手応え

2022年に初出場した全日本大学駅伝では5位に入り、シード権（8位以内）を獲得した創価大学。今季は6月の「全日本大学駅伝関東地区選考会」（全日本予選）がないため、〝新たな計画〟を立てた。

「昨季までは全日本予選に向けて、タフな条件のなかで1万《メートル》を走れる選手層を10人以上つくらないといけませんでした。スピードだけを強化しても対応できない。その点、今季の取り組みは、まるっきり違うものになりました」（榎木監督）

6月には仙台国際ハーフマラソンに4人（吉田凌《りょう》、野沢悠真《ゆうま》、吉田悠良《ゆら》、若狭凜太郎《わかさりんたろう》）、函館《はこだて》ハーフマラソンにも4人（山森龍暁《りゅうき》、上杉祥大《ひろと》、竹田康之助、溝口泰良《たいら》）が出場。チーム全体としては、「スピード強化」に重点を置いて、トラックの5000《メートル》を中心に出場した。

7月に13分台が10人に

6月はU20日本選手権で織橋《おりはし》巧《たくみ》（1年）が2位に。日本体育大学長距離競技会は14組で小暮栄輝《えいき》と吉田響《ひびき》（ともに3年）が13分台に突入すると、最終組ではスティーブン・ムチーニ（1年）が13分28秒97の自己新に加え、創大新でトップを飾った。

7月のホクレン・ディスタンスチャレンジは士別《しべつ》大会で織橋が13分52秒71、深川《ふかがわ》大会で小池莉希《りき》（1年）が13分54秒27の自

日本体育大学長距離競技会には1年生を含む多くの選手が参加。自己新記録をマークするなど、弾みをつけた（6月10日）

ホクレンディスタンス深川大会で力走し、13分台の自己新記録を叩き出した小池莉希（7月5日）

ホクレンディスタンス士別大会で悲願の13分台をマークした織橋巧（7月1日）

U20日本選手権で表彰台に立つ織橋巧（写真左）。1位の國學院大・青木瑠郁選手（写真中央）、3位の國學院大・野中恒亨選手（写真右）とともに（大阪・ヤンマースタジアム長居　6月1日）

己ベスト。「5000メートル13分台を10人以上」という今季のチーム目標に〝到達〟した。

14分06秒というタイムを持って入学した49期の葛西潤《かさいじゅん》と濱野《はまの》将基《まさき》が13分台で走ることなく卒業したこともあり、チーム内には「14分の壁《かべ》」が存在していたという。しかし、今季のトラックシーズンでは5000メートルの〝先入観〟を払拭《ふっしょく》することに成功した。

「駒澤大学や中央大学のように13分台が当たり前という雰囲気になってほしいと思っていました。チームとして求める走りを選手がしてくれましたし、スピード強化の底上げはできたと思います」と榎木監督はチームを評価した。

一方でトラック1万メートルに出場した選手はもうひとつタイムが伸びなかったようだ。

「練習の組み方が全体的に5000メートル寄りだったため、前半の対応力はついているんですけど、終盤《しゅうばん》に失速《しっそく》する状況があったのです。それはこちらも理解していたので、夏合宿で改善する取り組みをやりました」（榎木監督）

夏合宿でチームが躍動

夏には例年通り、1次合宿（長野・菅平《すがだいら》）、2次合宿（新潟・妙高《みょうこう》）、3次合宿（北海道・深川と岐阜・御嶽《おんたけ》）と、10日間ほどの合宿を3回にわたって実施した。練習内容は昨年、一昨年とほぼ同じだが、その〝中身〟は濃《こ》くなっている。

「ポイント練習のベースをアップし、ジョグの量も増やしました。8月は『月間走行距離900キロメートル以上』をチーム目標に取り組み、6割ほどがクリアしました。主力選手の故障も最小限に食い止められましたし、昨年、一昨年よりも成果があったと思います」（榎木監督）

昨年は8月上旬にコロナ感染者が出たこともあり、一次と二次の合宿では足並みが揃《そろ》わなかった。そこで強化期間を10日間ほど延《の》ばして、9月末まで走り込んだ。その取り組みが全日本大学駅伝に好影響を与えたため、今年は選手の状況から2パターンの強化策を推《お》し進めた。

「桑田大輔《だいすけ》、石井大揮《だいき》（ともに4年）ら夏合宿に出遅れた選手は9月末までしっかりと走り込み、3回の夏合宿をしっかりとこなした選手も疲労を取りながら、極端《きょくたん》に距離を落とさないようにしています」（榎木監督）

なお、夏合宿中には箱根駅伝の山上り区間を想定した約9キロメートルのタイムトライアルを実施。吉田響が従来のチーム記録を1分半も短縮するタイムを叩《たた》き出している。

夏合宿を経《へ》てチームは確実に成長した。その成果は9月中旬の日本インカレに表れた。

マラソン練習中
選手が走っております。ご注意ください。
創価大学セミナーハウス　宿泊中

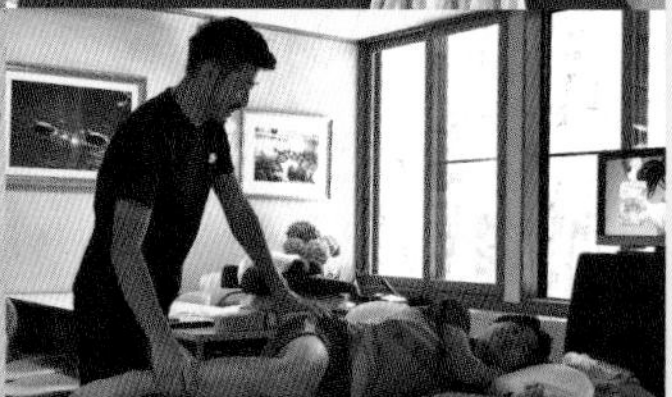

創価大学菅平セミナーハウスと管理者の三浦潤一さん・敏江さん夫妻。合宿中は常時、マッサージなどトレーナーによる選手たちのケアが行われており、菅平の道路筋には選手への配慮が掲げてある

最後の三大駅伝に挑む4年生

新メンバーも加わり、互いに刺激し合う3年生

夏合宿最終日のバーベキューを満喫している2年生

初めての1次合宿（菅平）に挑んだ１年生

日本インカレで存在感を示す

9月14～17日に埼玉・熊谷《くまがや》陸上競技場で日本インカレが開催された。〝学生日本一〟を決める舞台だが、夏合宿を優先して参戦しない長距離チームは少なくない。そのなかで創価大学は〝攻《せ》め〟のレースを見せた。

男子1万メートルは7人の留学生が出場。2000メートル過ぎに日本人集団を引き離すと、ラストはケニア勢《ぜい》の争いに。そのなかでスティーブン・ムチーニ（1年）が28分22秒31で3位に食い込んだ。

また、日本人集団のなかでは小暮栄輝《こぐれえいき》（3年）が存在感を発揮して集団を積極的に引っ張った。残り1周で國學院大学の主将・伊地知賢造《いじちけんぞう》（4年）のスパートについていけなかったが、日本人2番の9位（29分33秒08）でゴールに飛び込んだ。小暮は三大駅伝の出場はないが、「自分がエースになれるという自覚《じかく》を再確認できるレースになりました。今季は駅伝で区間賞争いできる選手になりたいです」と自信を口にした。

3人の留学生が出場した男子5000メートルでは、リーキー・カミナ（3年）が13分52秒16で優勝。織橋巧《おりはしたくみ》（1年）が14分18秒92で7位に入った。

織橋は5000メートルで高校記録を保持する順天堂大学のルーキー・吉岡大翔《ひろと》に18秒差をつけられたことを悔《くや》しがっていたが、「小暮さんがいい流れをつくってくれたので、最低限、入賞はしたいと思っていました。自分の現状の走りができてよかったです。駅伝では集団のな

7位入賞した織橋巧

3位入賞したスティーブン・ムチーニ

大健闘した小暮栄輝

男子5000メートルで優勝したリーキー・カミナ

かで戦うレースがしたい」と声を弾《はず》ませた。

榎《えの》木《き》和貴《かずたか》監督も、「昨年の入賞は留学生だけでしたが、今年は日本人選手も入賞争いに加わりました。しっかりと役割を果たしてくれたと思います」と手応えを感じていた。

好タイム続出の絆記録挑戦会

主力選手は9月24日の絆《きずな》記録挑戦会5000メートルに出場した。青山学院大学の主力メンバーが大挙して出場した3組は、カミナがペースメーカーを務《つと》めると、そのまま自己新の13分30秒54で1着。2着には小池莉希《りき》（1年）が続き、自己ベストを20秒以上も塗《ぬ》り替《か》える13分34秒82（U20日本歴代9位）を叩き出した。

さらに石丸惇那《じゅんな》（2年）が13分45秒74、山森龍暁《りゅうき》（4年）が13分49秒59、吉田凌《りょう》（3年）が13分51秒66、齊藤大空《そら》（1年）が13分52秒87、川上翔太《しょうた》（1年）も13分56秒21の自己新をマーク。これでチーム内の5000メートル13分台は14人に膨れ上がった。

「駅伝では卒業した世代が柱《はしら》になっていたので、そこに代わる存在が出てこないと3位以内は狙《ねら》えないと、選手たちに話してきました。彼らが危機感を持って取り組んでくれたので、その結果がトラックの記録にも表れたと思います」（榎木監督）

創価大学は今季の三大駅伝で、「3位以内」という目標を掲《かか》げている。9月末時点、榎木監督は次のような構想を持っていた。

絆記録挑戦会で2組に出場する選手たちが監督の指示を仰ぐ

スタートを待つ出場選手たち

3組でスタートラインに立つ選手たち

リーキー・カミナ（右）と小池莉希（左）

好走する山森龍暁

「出雲は2区終了時でトップと30秒以内に食《く》い止めて、3区で先頭に近いところでつなぎたい。向かい風に強い選手を4区か5区に配置して、しっかりと押《お》し上げていければ3位以内の争いに入れると思います。

全日本は最終8区で3位以内に上がるのではなく、7区までに3位以内につけておきたい。

箱根は日本人で一番調子のいい選手を1区、留学生を2区に配置して、首位と1分以内で4区を終えたい。トップに近い位置で折り返して、復路も常に3位以内をキープするような走りができれば目標は達成できると思います」

昨季は出雲が6位、全日本が5位、箱根が8位。目標の〝トップ3〟に向けて、チームは実りの秋を感じていた。

大岩準（前）と篠原一希（後）

自己ベストを喜ぶ齊藤大空（後列左）、小池莉希（同中央）、川上翔太（同右）とスティーブン・ムチーニ（前列）

黒木陽向

石丸惇那

スティーブン・ムチーニ

レース後にお互いの健闘を称える
リーキー・カミナ（左）と小池莉希（右）

ハーフマラソンで自信と手応え

10月1日に開催された札幌《さっぽろ》マラソンのハーフマラソンでは、地元出身の竹田康之助《こうのすけ》（2年）が優勝。竹田は今季の夏合宿で自信を深めた伸び盛《ざか》りの選手だ。「強豪校《きょうごうこう》の強い選手が出場しなかったので、単独走の適性《てきせい》を見《み》極《きわ》めることが目的でした。竹田は箱根を見据《みす》えて、メンバー入りへの手応《てごた》えをつかんだと思います」（榎木監督）

同日に行われた板橋区・高島平《たかしまだいら》ハーフマラソンでは、川田聖真《せいま》（1年）、濱口直人《はまぐちなおと》（3年）が指揮官の期待に応えた。「1年生は初めてのハーフマラソンでしたので、練習の一環で出場しました。川田は自分のペースで刻《きざ》んで、後半もペースを上げることができました。濱口も目的を達成する走りができました」（榎木監督）

川田は、絆記録挑戦会（9月24日）で14分6秒の自己ベストを出している。榎木監督が全日本大学駅伝のエントリーメンバー（16人）入りを最後まで悩んだ選手のひとりだ。

そして、10月15日に行われた東京レガシーハーフマラソン2023では、志村健太《けんた》（4年）がセカンドベストの走りを見せると、石井大揮《だいき》（4年）が63分45秒、若狭凜太郎《わかさりんたろう》（3年）が63秒51秒の自己ベストを叩《たた》き出した。

「下級生に押されていた上級生がようやく本来の走りを取り戻してくれました。この結果を受けて、もう一段戦える状態に引き上げてほしいです」（榎木監督）

今季、創大駅伝部はハーフマラソンで63分台16人を目標に掲《かか》げているが、レガシーハーフ終了時で、63分台の記録をもつ選手は合計14人となった。

榎木監督は、「タイムだけの評価ではなく、しっかりと戦える状態にしていきたい」と、迫《せま》る決戦に向けて驕《おご》りはない。

秋シーズンは、全日本大学駅伝の後、世田谷ハーフマラソン（11月12日）、日体大記録会（11月25、26日）、上尾《あげお》ハーフマラソン（11月29日）と続き、これらを経て、箱根駅伝エントリーメンバーが決定する。

厳しい競争を勝ち抜き、箱根の舞台に立つのは、果たしてだれなのか。

札幌ハーフマラソンで優勝を飾った竹田康之助

東京レガシーハーフマラソンで大雨の中を激走する志村健太（前）と若狭凜太郎（後）

出雲大社正面鳥居前から飛び出した1区・石丸惇那（前列右から3人目）

第35回　出雲駅伝ダイジェスト

三大駅伝の開幕を準優勝で飾った創大駅伝部

10月9日に行われた第35回出《いず》雲《も》全日本大学選抜駅伝競走。優勝争いは「2年連続の駅伝三冠」を目指す駒澤大学と、今年の箱根駅伝で王者を苦《くる》しめた中央大学の〝二強対決〟が有力視されていた。そのほかにも、前日の記者会見に登壇した青山学院大学、國學院大学、順天堂大学、早稲田大学の指揮官たちは「優勝」や「トップ争い」を口にしていた。

13時05分、出雲大社正面鳥居《とりい》前から21チームのランナーが飛び出した。

1区は3番目に長い8・0キロ《メートル》。エース級が集結《しゅうけつ》するもペースは上がらない。4年ぶりの出場となったアイビーリーグ選抜の長身ランナーがペースを上げると、4キロ《メートル》過ぎに集団が真っ二つに分かれた。創価大学・石丸惇那《じゅんな》（2年）は差し込み（腹痛）に襲《おそ》われたこともあり、ついていけない。しかし、目の輝きは失われていなかった。

石丸は東洋大学の選手と一緒にレースを進めると、後半は徐々に順位を上げていく。青山学院大学を残り1キロ《メートル》で抜き去り、中継手前100《メートル》で東洋大学を突き離す。1万《メートル》で日本人学生歴代4位の27分43秒13を持つ駒澤大学・篠原倖太朗《こうたろう》（3年）に35秒差をつけられたが、3位の國學院大学とは14秒差の5位と好発進した。

1区を希望していた石丸。今回のメンバーで唯一《ゆいいつ》の出雲経験者は、榎木監督や応援に駆《か》けつ

1区・石丸惇那から2区・小池莉希へ気迫の襷リレー

けたOBの濱野将基《はまのまさき》さんらと話すことでスタート前の緊張をほぐしたという。第1集団につかなかったが、それも冷静に判断した結果だった。

「途中で差し込みが来たのも理由ですが、篠原さんとは力の差がある。潰《つぶ》れないように、無理につかないと決めました。最後は（東洋大学に）勝ち切って襷《たすき》を渡したい、と思っていたので、その仕掛《しか》けを頭のなかで考えていました。駒澤大学には大きく離されたんですけど、國學院大学、青山学院大学とは秒差で渡すことができたので、チームに貢献できたと思います」

創価大学は過去2回の出雲駅伝では1区で出遅れた。前回は10位、前々回は11位発進だったが、3回目の出場でようやく好スタートを切ることに成功した。

選手を励ましに向かう築舘陽介コーチ（左）と
OBの濱野将基さん（右）

スピード区間でルーキーが大健闘

2区（5・8キロメートル）はスピード自慢が揃《そろ》う区間。抜擢されたのは絆《きずな》記録挑戦会で快走した小池莉希《りき》（1年）だ。名門・佐《さ》久長聖《くちょうせい》高校では全国高校駅伝を走ることができなかったルーキーが存在感を見せつけた。

首位の駒澤大学はアジア大会5000メートル代表の佐藤圭汰《けいた》（2年）が区間トップの走りで、リードを拡大。一方、2位以下は大混戦になった。そのなかで小池は強気に攻《せ》め込んだ。

「だれが強いのか考えずに走りました」という1年生は、昨年の全日本大学駅伝5区で区間賞を獲得《かくとく》している國學院大学・青木瑠郁《るい》（2年）を一度は抜くほど、積極的な走りを展開した。佐藤と区間賞を分け合った青山学院大学・黒田朝日《あさひ》（2年）に

初の大学駅伝で力走する小池莉希

2人を抜き去り、トップを追う
3区のリーキー・カミナ

抜かれたものの、アイビーリーグ選抜を逆転。5位をキープして襷をつなげた。

「最初から突《つ》っ込んで、後半粘《ねば》るという自分のレーススタンスで臨《のぞ》みました。1、2区でしっかりと流れをつくることができれば、創価大学のいい戦い方ができると思っていたので、順位だけでなくタイム差も意識して走りました。初めての学生駅伝としてはまずまずの走りだったと思います」

2位に浮上《ふじょう》した青山学院大学とは25秒差、4位の國學院大学とは4秒差につけた。

3区のリーキー・カミナ（3年）は初駅伝のため、事前に襷渡しの練習も実施。向かい風のなかを突き進み、まずは國學院大学を抜き去り、3・6キロ《メートル》付近で2位に浮上した。しばらくは青山学院大学と早稲田大学につかれて苦しい展開になるも、風向きが変わるとペースアップ。区間賞には7秒届かなかったが、トップを走る駒澤大学の背中を最後まで追いかけた。

「区間賞と区間記録をターゲットに頑張りました。風が強くて、コースレコードに届きませんでしたが、初めての駅伝は楽しかったです」と日本語で声を弾《はず》ませた。

カミナが駒澤大学に57秒差まで迫り、王者の後ろ姿がチラチラと見え始めた。

攻めの継走で連続区間賞

王者・駒澤大学は4区伊藤蒼《あお》唯《い》（2年）が区間3位の走りで、トップを独走する。一方、創価大学は日本人エース格の山森龍《りゅう》暁《き》（4年）。「前半区間やアンカーを走りたい気持ちもあった」というが、今回唯一の4年生は自分の役割を熟知《じゅくち》していた。

「自分はどんな区間でも行けるオールラウンダータイプ。今回のチームは自分に合うピースが4区だったので、そこで力を発揮しようと思っていました。少しでも前との差を詰めることを考えました」

1万《メートル》でチーム日本人最速タイムの28分27秒21を持つ山森は追い風に乗ってハイペースで突っ込んだ。終盤は苦しみながらも、狙いどおりの区間賞を青山学院大学・山内健登《やまうちけんと》（4年）と分け合った。

「区間賞が目標でしたし、駒澤大学との差も縮《ちぢ》める気満々だったんですけど、12秒しか縮められなかったので、そこは甘かったですね」

設定タイムより20秒ほど速く走破した山森。駒澤大学の背中は見えなかったが、中継車の姿をしっかりととらえていた。

5区は向かい風に強い吉田響《ひびき》

4区で区間賞に輝いた山森龍暁

5区・吉田響から6区・吉田凌へ2位で襷が渡る

（3年）。ピョン、ピョ～ンと高さのあるその場ジャンプを繰り返すと、赤と青の襷をつかんで勢いよく飛び出した。

前年と異《こと》なり、追い風になったが、吉田響は速かった。「楽しくて舞い上がりすぎました」と軽やかな走りで、1キロメートル2分40秒台前半で突き進んでいく。区間記録に2秒差と迫る好タイムで区間賞を獲得した。

「創価大学に編入《へんにゅう》したことで、さまざまな意見が寄せられました。今回、区間賞を獲《と》れて、応援してくださる方々に恩返しができたのかなと思います。ただ、個人としては区間新を目標にしていたので、そこはすごく悔《くや》しいです。少しでも前との差を詰めて（吉田）凌に渡そうと思って走りました」

山森と吉田響の連続区間賞で、2区終了時に1分04秒あったトップ駒澤大学との差は、5区終了時には39秒まで縮まっていた。

目標を達成し歓喜の準優勝

吉田響から吉田凌（3年）へとつながれた襷。ふたりの吉田は8月の月間走行距離がチームで1番と2番の選手だった。

「響が1061キロメートルで自分が1055キロメートル。しっかりと距離を踏んできたのが自信になっていました」（吉田凌）

アンカーを任《まか》された吉田凌は駒澤大学の主将・鈴木芽吹《めぶき》（4年）の背中を追いかけた。序盤《じょばん》は1万メートルで日本人学生歴代3位の27分41秒68を持つ鈴木のハイペースに食らいついたが、深追いはしなかった。目標を確実に達成できるように、途中から自分のペースに切り替える。最後はサングラスを外《はず》すと、笑顔で出雲ドームのフィニッシュテープに飛び込んだ。

「3位以上という目標を達成し

出雲ドームのフィニッシュ地点に2位で飛び込んだアンカー・吉田凌（写真右）と、笑顔で迎えるチームメートたち（写真左）

優勝した駒澤大学のアンカー・鈴木芽吹選手（4年）

た瞬間はうれしかったです。6区は各校のエース級が集まる区間。自分もそのなかで勝負すると決めていたので、区間5位は最低限、自分の目標は達成できたと思います」

優勝した駒澤大学はアンカー鈴木が区間賞で締《し》めくくり、昨年樹立した大会記録を41秒塗《ぬ》り替えた。創価大学は王者に1分43秒差をつけられるも、3位以下には1分以上の大差をつけた。

2021年の箱根駅伝で総合2位に躍進したとき、榎木監督は「準優勝」という言葉を使うのを嫌《きら》った。勝てるチャンスがありながらタイトルを逃《のが》したからだ。今回は「3位以上」を目指して、2つの区間賞も獲得。最後まで攻めのレースでつかんだ2位は「準優勝」と表現してもいいだろう。

レース後、榎木監督も充実の表情を見せていた。

三度目の出場で大躍進の要因

前々回7位、前回6位、今回は〝準優勝〟まで飛躍《ひやく》した創価大学。その要因はどこにあったのか。榎木監督はこう分析している。

「昨年までは6月中旬に全日本予選（全日本大学駅伝関東地区選考会）があったため、蒸《む》し暑さのなかで1万《メートル》をしっかり走れるトレーニングを重視してきたんです。それが昨年の全日本大学駅伝でシード権を獲得できたので、今季の前半はトラック5000《メートル》のタイムを狙ってきました。その結果、13分台は目標の10人を上回る14人に増えました。スピードがついたことで、一番苦手《にがて》としてきた出雲駅伝でしっかりと勝負することができたのです」

今大会のメンバーは絆記録挑戦会5000《メートル》でのチーム内上位5人に、向かい風に強く単独走が得意な吉田響を加えた6人で組んできた。榎木監督は各選手をどう評価したのか。

「3位以上を目標にするなかで、1区石丸が5位でつないでくれて、予定どおりの滑《すべ》り出しになりました。出雲は1区が鬼門《きもん》になっていたんですけど、しっかりと粘ってくれたと思います」

今後を見据えて、石丸を1区に起用した部分もあり、そのテストに合格したようだ。スピード区間の2区ではルーキーが踏ん張った。

「小池は前半から攻めてくれました。後半に置いていかれた部分は課題になりますが、1年生であの走りができたことで、今後の成長にも期待できると感じました」

　初めて襷をつないだカミナは先輩のフィリップ・ムルワのもとで駅伝を勉強。今季は日本インカレ5000《メートル》でチャンピオンに輝くほど実力もつけた。

「去年はムルワの走りをずっと見てきて、今年は自分の番だという覚悟《かくご》をもって準備してきたんです。初めての駅伝でも攻めの走りをして終盤も粘ってくれました。まだまだ課題はありますが、駅伝を一つずつ経験することで、もっと成長してくれるでしょう」

　そして、4区山森、5区吉田響の連続区間賞は見事だった。いわゆる〝つなぎの区間〟にエース級を配置できたチームの総合力と、榎木監督の采配《さいはい》がすばらしかった。

「今回は4区と5区でしっかり勝負したいと考えていたんです。昨年のように、向かい風になっても彼らなら対応できる。できれば駒澤大学に3区で並んで、4、5区で前に出たいと思っていました。それは叶《かな》いませんでしたが、イメージどおりのレース運びができました。彼らが区間賞の走りをしてくれたので、ほかのメンバーも勇気をもらったと思います」

　4区と5区は今回、向かい風ではなく追い風になった。榎木監督は出走直前の連絡で「冷静に入ろう」という指示を出していたのだが、選手たちはぶっ飛ばした。

「山森と響は私の指示を聞かず、突《つ》っ込みました（笑）。そこはうちのよさでもあるんですけど……。選手たちが自分を信じて、自分のレースをしたという点は褒《ほ》めてあげたいですね」

　最長6区は、5月の関東インカレ2部ハーフマラソンで3位に入った吉田凌。安定感のある走りで、赤と青の襷をゴールまでしっかりと運んだ。

「前が実力者の鈴木芽吹くんだったので、まずは〝自分の力を100《パーセント》出し切ってほしい〟と声をかけました。暑さのあるなか、終始淡々《たんたん》と自分のペースを刻《きざ》んで、凌らしい走りができたと思います」

出走した6人の選手の喜びがはじける（出雲ドーム）

区間賞を手にする山森龍暁（左）と吉田響（中央）、6人でつないだ栄光の襷を掛ける吉田凌（右）

昨季の三冠チームに果敢に挑戦

6人が出走した出雲駅伝。今回は日本インカレで活躍した小《こ》暮《ぐれ》栄輝《えいき》（3年）と織橋巧《おりはしたくみ》（1年）を起用していない。

「ふたりもいい練習をしていましたし、だれが走っても同じくらいの戦力でした。今回走れなかった小暮と織橋は悔しい思いをしていますので、全日本では頑張ってくれると思います」

創価大学駅伝部では、10月の3連休に長野・菅平《すがだいら》で合宿を実施。出雲駅伝から6日後には東京レガシーハーフマラソンに出場した選手もいる。

「出雲駅伝メンバー以外にも楽しみな選手がたくさんいます。チーム内の競争力を上げて、次の駅伝にチャレンジしていきたい。今回は王者の駒澤大学に力でねじ伏《ふ》せられましたけど、背中が少し見えるところまできました。次の全日本大学駅伝では距離も長くなっていきますので、もう少し勝負を仕掛けたい。1回ぐらいは前に出たいと思います」

さらに、自信をつけた出雲駅伝の準優勝メンバーは、今後の戦いに向けて熱い言葉を吐《は》いた。

1区を任された石丸は、「全日本と箱根は区間賞を取りたい。どちらも1区が希望です。1区の番長になりたい」と〝切り込み隊長《たいちょう》〟を志願。

1年生で唯一、メンバーに入った小池は、「全日本、箱根と距離が長くなりますが、どちらも前半区間を狙っていきたい。数年後にはチームを引っ張る存在になれるように頑張ります」と話した。

区間賞を授与される吉田響（右から2人目）と山森龍暁（右から4人目）

初の表彰台に上がる創価大学駅伝部

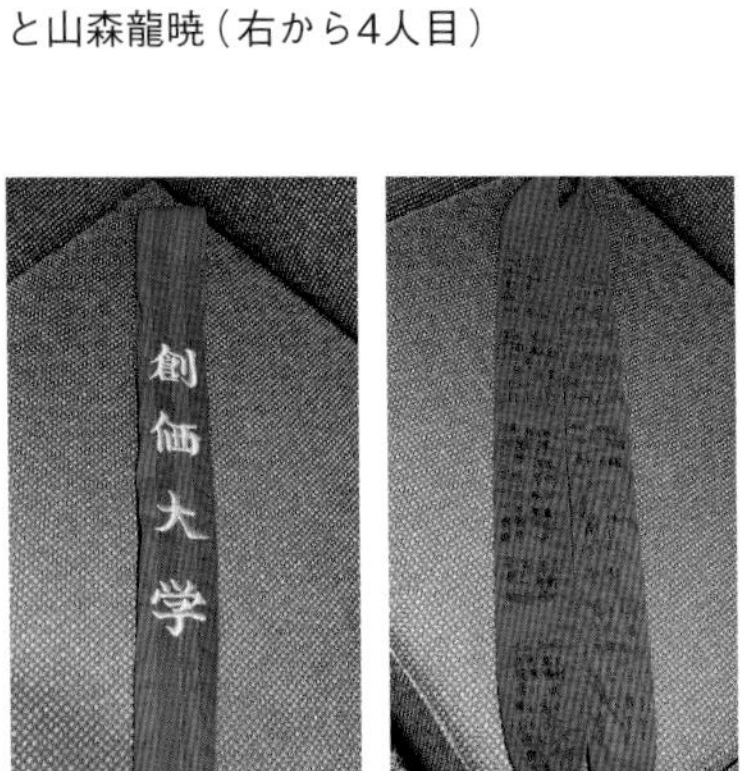

チーム全員の想いが詰まった襷

準優勝を喜ぶ榎木和貴監督と選手・マネージャー

頼もしい存在に成長したカミナが、「箱根駅伝は2区を走りたい。区間賞をターゲットに頑張ります」と言えば、山森も「箱根は往路でしっかり力を発揮するのが目標です。花の2区も走ってみたい」とエース区間への野望《やぼう》を口にした。

吉田響は、「目標の3位以上を達成できた喜びはありますが、駒澤大学とは大差がつきました。本気で箱根駅伝の優勝を狙うには、これまで以上の取り組みが必要です。箱根駅伝の目標は5区の区間新記録。69分台を目安に頑張って、創価大学の総合優勝に貢献したい」と、引き締まった表情を見せた。

そして吉田凌も「一番の目標は箱根駅伝です。勝負どころの終盤《しゅうばん》区間を目標にしているので、9区か10区あたりを狙っていきたい」と正月決戦をイメージしていた。

全日本大学駅伝、ロードレース、トラック1万《メートル》、島田合宿などを経て、最後は、どの10人が選ばれるのか。

2024年正月、王者・駒澤大学の背中を、創価大学が本気で追い詰めるときがやってくる。

2023年出雲駅伝　選手個別成績

区間(距離)	選　手	区間順位	区間記録
1区(8.0km)	石丸惇那	5位	23分20秒
2区(5.8km)	小池莉希	5位	16分37秒
3区(8.5km)	リーキー・カミナ	2位	24分13秒
4区(6.2km)	山森龍暁	1位(区間賞)	17分35秒
5区(6.4km)	吉田 響	1位(区間賞)	17分45秒
6区(10.2km)	吉田 凌	5位	30分04秒

2023年出雲駅伝順位

順位	大学名	総合タイム
1位	駒澤大学	2時間07分51秒(大会新)
2位	創価大学	2時間09分34秒
3位	城西大学	2時間10分35秒
4位	國學院大学	2時間11分07秒
5位	青山学院大学	2時間11分28秒
6位	早稲田大学	2時間11分36秒
7位	中央大学	2時間12分17秒
8位	東洋大学	2時間12分35秒
9位	法政大学	2時間13分44秒
10位	順天堂大学	2時間14分27秒
11位	関西大学	2時間17分16秒
12位	環太平洋大学	2時間17分59秒
13位	アイビーリーグ選抜	2時間18分05秒
14位	広島経済大学	2時間19分25秒
15位	立命館大学	2時間20分29秒
16位	北海道学連選抜	2時間21分03秒
17位	北信越学連選抜	2時間21分42秒
18位	皇學館大学	2時間22分07秒
19位	第一工科大学	2時間22分15秒
20位	東北学連選抜	2時間25分31秒
DNF	大阪経済大学	------------------

2023.11.5
全日本大学駅伝

創価大学にとって2度目の出場となる全日本大学駅伝。
熱田神宮から伊勢神宮へと続く106・8キロ㍍を27チームが駆け抜ける。
伊勢路での熱き戦いを経て、いよいよ正月の箱根路が目前に迫る。

出場チーム一覧

1	駒澤大学	10	東北学院大学	19	名古屋大学
2	國學院大学	11	城西大学	20	大阪経済大学
3	青山学院大学	12	大東文化大学	21	立命館大学
4	順天堂大学	13	東海大学	22	関西大学
5	創価大学	14	東京国際大学	23	関西学院大学
6	早稲田大学	15	東京農業大学	24	環太平洋大学
7	中央大学	16	帝京大学	25	鹿児島大学
8	東洋大学	17	国士舘大学	26	日本学連選抜チーム
9	札幌学院大学	18	新潟大学	27	東海学連選抜チーム

チームエントリーで登録された16人が闘志を燃やす

白馬寮では、「おいしさ」と「ヘルシー」を両立した栄養価の高い料理が
朝晩、提供されている。駅伝部の「強さと速さ」の源となる献立は何なのか。
今回、アンケート調査を実施した。（潮編集部調べ）

column

白馬寮で聞きました！

食堂メニュー♡ 人気ランキング

〈好きなメニュー ベスト5〉

第1位	ハンバーグ
第2位	カレーライス
第3位	うどん
〃	からあげ
第4位	パン
第5位	牛丼
〃	チキン南蛮

ハンバーグ

カレーライス

うどん

からあげ

▶番外編

第1位	フルーツヨーグルト
第2位	飲むヨーグルト（ジョアを含む）
第3位	プリン

パン

ATTENTION

注目選手紹介

いよいよ記念すべき箱根駅伝第100回大会に挑む創価大学駅伝部。
志村健太主将をはじめ、今季のチームの注目選手の意気込みと、
学生生活最後の箱根駅伝に懸ける吉田正城主務の想いを紹介する。

【主将】志村 健太 しむら けんた（4年）

20～23年と4年連続で箱根駅伝を走った創価大学のレジェンド・葛西潤（現・旭《あさひ》化成《かせい》）と同じ愛知県出身。「潤さんが行くところを追いかけて、関西創価高校陸上部、創価大学駅伝部で走ってきました」

自分自身のことを、「スタートダッシュが得意ではない。中間走は速くない。ラストスパートでもそれほどスピードが出せない」と冷静に分析する。それならば、スタートがうまい走者には後半で勝てばいい。中盤で強い走者には前半か後半で勝つ。後半が強い走者は中盤で抑《おさ》える。「自分の弱点を逆手《さかて》に取って勝てばいい」という論理的な走りが生まれた。

新主将に任命《にんめい》された直後の奥球磨《おくくま》ロードレースで63分37秒の自己ベストを記録。社会人の選手も混《ま》じる延岡《のべおか》西日本マラソンでは2時間15分44秒を記録（総合10位）。フルマラソン初出場ながら、創価大学歴代1位を記録した。

率先垂範《そっせんすいはん》で主将が走れば、主将の背中に勇気を奮《ふる》い起こされて後輩たちがついてくる。大学生活最後の箱根を目指す。

山森 龍暁 やまもり りゅうき（4年）

1～2年時はエントリーメンバーには入ったものの、本戦では走れなかった箱根駅伝。3年時に念願の初出場を果たした（3区）。4年生の今季は5000㍍、1万㍍、ハーフと3種目で自己ベスト記録を更新し続け、絶好調だ（10月時点）。

「強い先輩方と臆《おく》せずコミュニケーションを取れるのが自分の強み」と語る山森は「（先輩の）福田（悠一《ゆういち》）さん、原《はら》富《とみ》（慶季《よしき》）さんから教わった練習法がいまになって活《い》きている」と目を輝かせる。

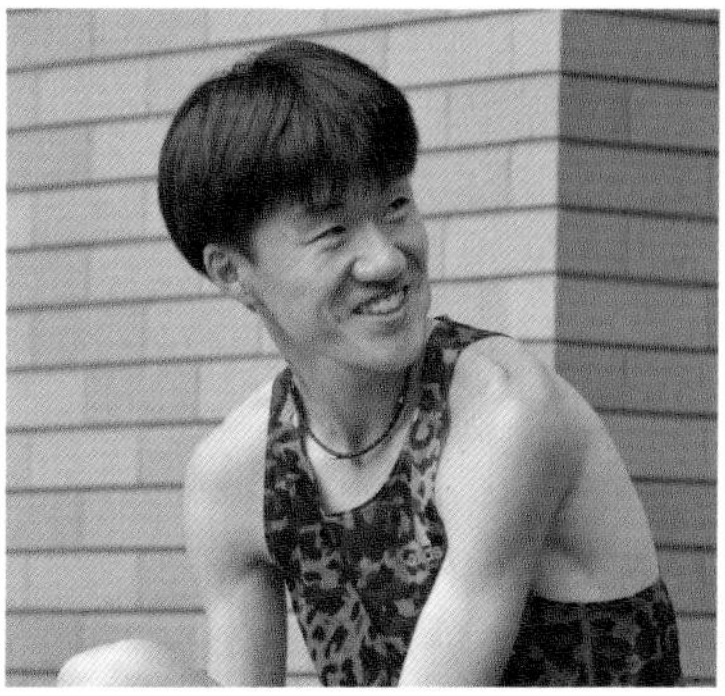

「どうせなら一人だけで練習するのではなくて仲間を巻きこもう！」と、吉田凌《りょう》（3年）、竹田康之助《こうのすけ》（2年）、新家《にいなえ》蒼《そう》吾《ご》（1年）らに声をかけ、週1回、先輩から教わった自主トレに4人グループで取り組んでいる。

出雲駅伝で4区区間賞を成し遂げた山森は「チームの心の支えになる」と、全日本大学駅伝では区間新を、箱根では区間賞を目指す。

桑田 大輔 くわた だいすけ（4年）

「総合優勝を目指した前回の箱根駅伝では、自分のミスもあって優勝できなかった。本当に情《なさ》けないし、悔《くや》しかった」

総合優勝を逃《のが》した責任を感じていたからこそ、学生最後となる今季は期《き》するものがあったはずだ。しかし、ケガのため長期離脱《りだつ》を余儀《よぎ》なくされてしまう。

「5月まで走れなかったのですが、故障のおかげで自分の弱点や、いままで目を背《そむ》けてきた部分を直視し、考えて練習を積むことができるようになりました」

落ち込む気持ちもあったはずだが、チームの目標を見据《みす》え、フォーム改善にも取り組んだ。

「故障して、もっと陸上を好きになれると思いました。好きになった分だけ成長できる。まだ伸びしろは残っています」

約9カ月ぶりのレースとなった10月の記録会では1万㍍で28分59秒08をマーク。箱根を視野に、創大日本人選手が未《み》踏《とう》の27分台を目指す。

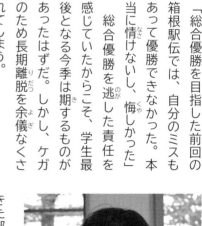

上杉 祥大 うえすぎ ひろと（4年）

いままで三大駅伝には一度もメンバー入りしたことがない。ケガに悩まされ、ずっと悔《くや》しい思いをしてきた3年間だった。

そんな上杉が、4年生になって最初の絆《きずな》記録挑戦会5000㍍で13分台を叩《たた》き出し、皆をあっと驚《おどろ》かせた。

「ケガばかりしてきたせいで、1年生から3年生まで夏合宿でまともに走れたことは一度もありません。そんな僕が13分台を出せたことが、チーム全体に勢いをつけることにつながりました」

4年生になってからはケガもなく、夏合宿には初めて本格参戦《さんせん》。「頭を使って戦わなければ駅伝には勝てない」と言い切る上杉は、走りながら自己分析する頭脳派《ずのうは》ランナーだ。箱根駅伝出場を見据《みす》え、アップダウンへの対処法や、往路であれば集団走《しゅうだんそう》への対応もシミュレーションしている。

「ラストイヤーだ。後悔がないように」との榎木監督の言葉を胸に、箱根路《はこねじ》で勝てる「覚悟を決めて走れる選手」を目指す。

溝口 泰良 みぞぐち たいら（4年）

1年生のときは、ケガでほとんど走ることができなかった。

「『選手はあきらめなさい』と言われてもおかしくない状態でした。でも、榎木監督は、僕を信じてくれました」

3年生の冬、ケガのため、箱根駅伝のメンバーには選ばれず、本戦前に「実家に戻って治療に専念《せんねん》したい」と榎木監督に伝えた。

ムードメーカーでもある彼の離脱《りだつ》がチームに与える影響を考えたのか、監督からは「元気がないぞ。お前はこのチームに必要だ」と叱咤激励《しったげきれい》されたという。

「監督は熱かったです。号泣《ごうきゅう》しました」

入学後、初めて泣いたこの日を忘れない。

「監督には4年間、めちゃくちゃ怒られました。でも、ときには褒《ほ》めてくれることがあって、その言葉が怒られた記憶を全部、塗《ぬ》り替えてくれるんです。本当に愛情にあふれた指揮官です」

「榎木監督を胴上げしたい」と語るその眼差《まなざ》しは、箱根路での活躍を期《き》していた。

【副主将】石井 大揮 いしい だいき（4年）

2022年の出雲《いずも》駅伝では5区で出走《しゅっそう》。区間5位と健闘《けんとう》したものの、その後の全日本大学駅伝、箱根駅伝の出場は叶《かな》わなかった。

その悔《くや》しさをばねに、4年生になって副主将に就任してからは、積極的にチームをけん引。夏合宿では、調子を崩《くず》していた志村主将に代わり、チームをまとめた。1次、2次、3次と合宿を重ねるごとに調子も上がってきている。

「秋以降は、4年生がチームを引っ張っていきます。榎木監督は、『どんな条件でも100パーセントの力を出し切れる選手を駅伝でも使いたい』といわれます。まずは東京レガシーハーフマラソンで100パーセントの力を出し切りたい」と語っていたレースで63分45秒の自己ベストをマークした。

「走ることが好きで、走れる身体である限り、競技を続けていきたい」と、卒業後は実業団でさらなる高みを目指す。だからこそ、「結果を残す」と強い気持ちで、最初で最後の箱根駅伝出場を誓《ちか》う。

リーキー・カミナ Leakey Kamina（3年）

ケニア出身の先輩、フィリップ・ムルワは、箱根駅伝に3年連続（21〜23年）で出場し、大活躍を見せた。

「ムルワさんが卒業されたあとは、いよいよ私の出番です」

日本体育大学長距離競技会では、1万メートルで27分50秒66の自己ベストを記録したが、このタイムでは満足していない。

「ムルワさんの自己ベスト（27分35秒29）を更新《こうしん》します」と意気込むなど、先輩の背中を追いかける意欲は旺盛《おうせい》だ。

夏はケニアに一時帰国し、母国でトレーニングを続けながら英気を養《やしな》った。

帰国後、初レースとなった絆《きずな》記録挑戦会5000メートルでは、ペースメーカーとして1年生の小池莉希《りき》（自己ベスト更新）をアシストしながら、自身も自己ベストを2秒余り更新する好調ぶりを見せた。

「箱根駅伝に出場し、区間3位以内に入ることが目標です。仲間から襷《たすき》をもらい、そして再び仲間に襷をつないで走るのが楽しみです」

吉田 凌 よしだ りょう（3年）

2年時の箱根駅伝はエントリーされたものの、本戦出場は果たせず悔《くや》しい思いをした。箱根駅伝から1カ月後の23年2月には、尊敬する葛西潤とともにケニア合宿に参加した。

「標高2400㍍地点での高地トレーニングによって心肺《しんぱい》機能を高め、山の中や不整地のクロスカントリーを走って体幹を強化しました。普段の日本とは違う環境下で集中した練習ができて、精神的な強さも鍛《きた》えられたと思います」

帰国後の日本学生ハーフマラソンでは、時差ボケや移動疲れのせいでコンディションは万全《ばんぜん》ではなかったものの、63分20秒を記録した。

8月には、チームトップクラスの月間1055キロ㍍以上を走り、体幹も補強。その成果は、夏合宿の疲労が残る中で出場した絆《きずな》記録挑戦会5000㍍で13分51秒66をマークするなど、すぐに現われ、出雲駅伝でも快走した。

「ケガをしにくいことが自分の強みです。無傷《むきず》のまま箱根を目指します！」

小暮 栄輝 こぐれ えいき（3年）

1～2年時の箱根駅伝はエントリーされたものの、本戦出場は叶《かな》わなかった。

箱根駅伝直後の香川丸亀《まるがめ》国際ハーフマラソンでは62分18秒の好タイムを記録したが、「ラスト5キロで足が攣《つ》ってタイムを上げきれなかったので、全然満足していません。今後のハーフでは、61分台から60分台前半を視野に入れ、記録を狙《ねら》っていきます」と悔《くや》しさをにじませ、飛躍を誓《ちか》う。

得意なロードだけではなく、「トラックにも力を入れたい」と、6月には5000㍍で13分55秒24の自己ベストを記録したが、エース候補に対する指揮官の叱咤《しった》は厳しい。

「榎木監督から『このタイムで満足してはいけない。もう一つ上のランクで戦わないといけない』と言われました」

「例年になく、いい練習ができた」という夏合宿。その直後に出場した日本インカレでは、1万㍍で日本人2位、全体9位という堂々の結果を残した。全日本大学駅伝、箱根駅伝では区間賞を狙《ねら》う。

吉田 響 よしだ ひびき（3年）

青山学院大学（当時）の山の神・神野《かみの》大地《だいち》選手に憧れ続け、東海大学1年生だった22年の箱根駅伝では5区で出走。17位で襷《たすき》を受け取ると、見事なゴボウ抜《ぬ》きで10位まで順位を上げ、全国を驚《おどろ》かせた。

23年春、創価大に電撃編入。

「入寮したときから（吉田）凌《りょう》が積極的に話しかけてくれ、『今日は何キロ走った?』と訊《き》かれます。いいライバルです」

現在、1週間の走り込みは360キロ㍍に達し、月間走行距離が1000キロ㍍を超《こ》えることもある。

「アップダウンが多く、向かい風が強い区間にも抵抗はありません。ほかの選手がキツくて諦めてしまう場面でも、歯を食いしばって粘《ねば》り強い走りができるのが僕の強みです」

「皆と襷をつなぎたい」と駅伝に懸ける想いが熱い吉田は、出雲で区間賞を獲り、チームの期待に応えた。箱根では区間新と総合3位以内が目標だ。

若狭 凜太郎 わかさ りんたろう（3年）

大学入学前にケガをしてしまい、ずっと故障に苦しみ続けた1年時を「負《ふ》のループでした」と振り返る。一時は駅伝部から離れ、その年（22年）の箱根駅伝は実家のテレビで観戦した。

22年2月から大学での練習に復帰。その後も続く故障と戦いながら、徐々《じょじょ》に自分のペースと自信を取り戻していく。

23年4月の法政大学競技会では、5000㍍で13分59秒98の自己ベストを記録。13分台を出せたとき、「これでいいんだ」と安心すると同時に「ここからがスタートラインだ。自分はもっといい記録を出せる」と勢いが増した。

4年間の目標を「悔《く》いなく終わる」と掲《かか》げた。たとえ箱根に出られなかったとしても、「あのとき、練習をちゃんとやっておけばよかった」という後悔はしたくない。「自分ができることを精いっぱいやった」と言って選手生活を終わりたい。だから、今日も悔いなき1日を走る。

野田 崇央 のだ たけちか（3年）

ハーフマラソンの持ちタイムは、チーム4番目の62分47秒。ロードで力を発揮できる選手の一人だ。

華奢《きゃしゃ》な体つきを補《おぎな》うための筋力トレーニングや体幹トレーニングを地道に積み重ね、5月には5000㍍で14分11秒34の自己ベストを記録している。

創価大学駅伝部の魅力を訊《たず》ねると、「やらされる練習ではなく、自分で考えた練習ができることです。それができるのも、何でも相談できる榎木監督の存在が大きいです。あとは、多目的室などの設備が充実していることです」と、きっぱり言い切る。指針としているのは、「名前やタイムが走るんじゃない、人が走るんだ」との榎木監督の言葉だという。

夏合宿では8月のチーム目標である「月間走行距離900キロ㍍」も達成するなど、粘《ねば》り強さは折《お》り紙付き。秋のレースで自己ベストを叩《たた》き出し、初の三大駅伝出場へ。

石丸 惇那 いしまる じゅんな（2年）

1年時の箱根駅伝では最終10区に出場。総合記録8位でゴールした。

ところがその後、大きなケガに次々と見舞われる。1月の大阪ハーフマラソンで62分59秒という好タイムを記録したものの、2月中旬の宮崎合宿後に膝《ひざ》を痛めてしまう。さらに4月には大腿骨《だいたいこつ》を疲労骨折し、3カ月間に及ぶリハビリの日々が続いた。

「最初のころは歩くだけでも痛く、足の筋トレやスクワット、バイクを漕《こ》ぐこともできませんでした」

そんな中でも、榎木監督の「エースになってほしい」との期待のおかげで気持ちを切らすことはなかった。

充実の夏合宿を経《へ》て出場した絆《きずな》記録挑戦会5000㍍では、自己記録を12秒更新する13分45秒44をマークした。「集団走での駆け引きが得意」と、出雲駅伝では1区を力走。続く全日本、箱根駅伝でも1区出走を狙う。

野沢 悠真 のざわ ゆうま（2年）

1年生だった23年の箱根駅伝は5区で力走。5区は13キロメートルにわたって上り坂が続いたあと一気に下り、ラスト1キロメートルが緩《ゆる》い上り坂というコースだ。「5区で区間上位に入る走者は、上りの適性が強いだけではなく、平地でも強い選手が多い。自分も平地でしっかりと勝負できる選手に成長しなければ、次の箱根では戦えない」と危機感を抱《いだ》く。

「ハーフで勝てなければ箱根でも勝てない」と、大阪ハーフで62分45秒を記録。日本学生ハーフでは7位（62分58秒）でゴールした。

「20位以内が目標だったので、入賞（8位以内）は大きな自信になりました」

新入生や転入メンバーの加入によって厚みが増した今季のチーム。野沢は、いまや5区へのこだわりはない。

「アップダウンがあるコースでも平地でも対応できるよう調整を進め、任《まか》せられた区間で必ず結果を出します」

山下 蓮 やました れん（2年）

1年生のとき、三大駅伝すべてのエントリーメンバーに選ばれたものの、出場に手が届かず、悔《くや》しい思いをした。23年2月には股関節《こかんせつ》と臀部《でんぶ》まわりに炎症《えんしょう》を起こし、2年生の5月半ばまで3カ月の間、故障に苦しんだ。

「同じタイミングで故障した（先輩の）望月（遥平《ようへい》）さんが、トレーニングの場で雰囲気《ふんいき》を率先して明るくしてくれました。故障中だった同期の石丸とも一緒に、前向きな気持ちで練習に取り組みました」

故障から復帰後、6月の日本体育大学長距離競技会では、5000メートルで14分9秒07の自己ベストを記録。続くホクレン・ディスタンスチャレンジ士別《しべつ》大会の5000メートルでも自己ベストに肉薄《にくはく》する14分11秒37を出した。

23年夏は実業団の合宿に参加。ハードな練習を通じて、三大駅伝を走るためのタフネスを培《つちか》った。秋のハーフマラソンを皮切りに、全日本、箱根駅伝での活躍を期《き》す。

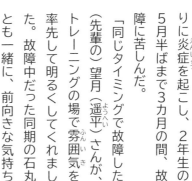

黒木 陽向 くろき ひなた（2年）

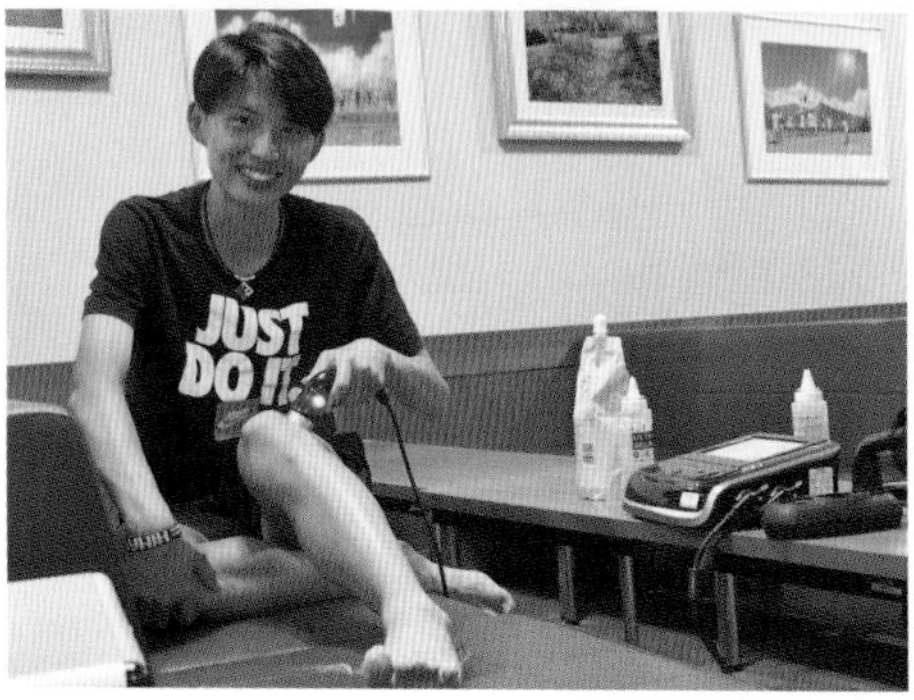

1年時の箱根駅伝では、同期の野沢悠真《ゆうま》（5区）の付き添いと石丸惇那《じゅんな》（10区）の給水を担当。「来年は絶対、箱根を走る」と決意した。

4月の絆《きずな》記録挑戦会では、5000㍍で自己ベスト（13分58秒68）を記録。13分台を出せたことが大きな自信になった。また、関東インカレでは3000㍍障害で8分53秒53の自己ベストをマークし、3位で表彰台に立った。

朝練習のあとは多目的室で補強に励《はげ》むのが日課だが、そこに監督やコーチなどスタッフも加わり、気さくに話しかけてくれる。こうした温かい雰囲気《ふんいき》や、スタッフと選手の距離の近さが安心感を生み、伸び伸びと競技に励むことができるという。

「榎木監督からはいつも『コツコツ練習を継続《けいぞく》すれば実を結ぶ』と指導していただいています。ケガに気をつけてコツコツ地道に積《つ》み上げ、三大駅伝出場に向けて頑張ります」

竹田 康之助 たけだ こうのすけ（2年）

高校時代に出した5000㍍の自己記録を2年生の5月、ようやく14分21秒54と更新《こうしん》することができた。

「自己ベスト更新を続けて、箱根駅伝のメンバー入りを目指していきます」

1年生の夏合宿は体調不良もあって、満足な練習ができなかったが、「今年は、めちゃくちゃいい夏合宿ができた」と自信をのぞかせる。

ここまで成長できた理由を訊《たず》ねると、「榎木監督やスタッフは話しかけやすいし、積極的にコミュニケーションをとってくれるのがありがたい。創価大学は、どんな選手でも見《み》放《はな》さないんです」と語る。

今季から導入された3つのチーム分けによる練習など、全体を底上げできる体制は、より重厚《じゅうこう》になったという。

距離走の後は食事が喉《のど》に通らない選手が多いなか、「いつでも食欲は変わらない」というスタミナ自慢の選手だ。

織橋 巧 おりはし たくみ（1年）

高校3年の12月上旬に大《だい》腿《たい》骨《こつ》を疲労骨折し、入学後も治療を続けていた織橋は、「1年生の秋口《あきぐち》にベストが出ればいいかな」と思っていた。ところが、6月のU20日本陸上競技選手権大会では、5000㍍で14分4秒83（総合2位）という好成績を出し、7月には13分52秒71の自己ベストをマーク。「まさかこんなに早く13分台を出せるとは思わなかった」と顔をほころばせる。

入学後、4年生の上杉祥大《うえすぎひろと》を中心とする縦《たて》割《わ》り班に所属したことも功《こう》を奏《そう》した。

「陸上の知識が豊富な上杉さんにストレッチやトレーニング法を教えていただきました。走り方に迷ったとき、頼《たの》もしい先輩にすぐ頼《たよ》れる現在《いま》の練習環境はとても心強いです」

夏合宿明けに出場した日本インカレでは、5000㍍で7位入賞も果たした。出走できなかった出雲駅伝の悔しさをバネに、全日本、箱根駅伝では1年目からの出場を目指す。

小池 莉希 こいけ りき（1年）

入学直後、5月の早稲田大学競技会では5000㍍で14分1秒12、7月のホクレン・ディスタンスチャレンジ深川《ふかがわ》大会では13分54秒27を記録した。長野・佐久《さく》長聖《ちょうせい》高校で同期だった吉岡大翔《よしおかひろと》選手（現・順天堂大学）の記録（13分22秒99）を追いかけつつ、「ここからがスタートライン」と意気込む。

7月の関東学生網走《あばしり》夏季記録挑戦競技会では、1万㍍で29分23秒86をマーク。次は28分台が目標だ。

レースで納得がいかない走りをしてしまったとき、高校の先輩でもある築館《つきだて》コーチが何時間も相談に乗ってくれた。

「多くの選手がいるなか、1年生の自分の話をじっくり聞いて寄《よ》り添《そ》ってくださったことで、とても助けられました」

「いまは走ることがとにかく楽しい」と語る小池は、9月の絆《きずな》記録挑戦会5000㍍で13分34秒82というU20歴代9位の記録を叩き出し、出雲駅伝への出走も果たした。もはや三大駅伝区間賞の目標も絵空事ではない。

齊藤 大空 さいとう そら（1年）

宮城県・利府《りふ》高校の3年時、インターハイ（22年8月）の3000㍍障害で優勝した経歴をもつ。

「創価大学駅伝部は、先輩と後輩の縦《たて》のつながりがまったくピリピリしていないことに驚きました。そのうえで練習のときは緊張感があり、緩急《かんきゅう》のメリハリがあって、とてもいい雰囲気《ふんいき》です」

先に5000㍍で13分台を出していた同期の小池莉希《りき》や織橋巧《おりはしたくみ》といったライバルから刺激を受けながら、自身も9月には念願の13分台に突入した。1万㍍は28分台、ハーフマラソンは63分10秒台が目下の目標。秋にはハーフ初挑戦を目指す。

「体力的にも精神的にもきついラストから粘《ねば》り、追いこみの勝負で勝てるところが自分の持ち味です。1年目はランナーとしての土台作りのときと決め、箱根駅伝1区での区間賞獲得《かくとく》を目標に掲《かか》げて挑戦します」

川上 翔太 かわかみ しょうた（1年）

父・英一さんは、専修《せんしゅう》大学で箱根駅伝8区を走り、兄・勇士さんは東海大学で箱根駅伝6区を2度走った。もう一人の兄・竜也さんも東海大学駅伝部の出身と、まさに駅伝一家で育った川上。創価大学を選んだ理由について、「自分のペースで競技ができる創価大学ならやっていけると思いました。小さいころから、レースなどを通して自分のことを知ってくれていた瀬上《せがみ》スカウト編成部長や久保田コーチの存在が大きかった」と語る。

中学時代の事故でケガをした右肩を大学入学前に手術。入学後は、築館コーチが担当するCチームで土台づくりを続けてきた。

「スタッフの励《はげ》ましで、いまの自分があります。その恩返しをしたい」と、9月の絆記録挑戦会5000㍍では13分56秒21を記録した。

箱根6区を走った兄の背中を追いかけてきた川上は、自身も箱根の山を駆《か》け下りることが目標だ。

スティーブン・ムチーニ Stephen Muthini（1年）

期待の新星。6月の日本体育大学長距離競技会では、実業団の選手も混《ま》じる5000メートルで優勝。13分28秒97でゴールし、自己ベストで創価大学記録を更新《こうしん》した。

1万メートルで毎回28分10秒を切ることと、ハーフでは62分が目下の目標だ。

「ケニアでロード練習するときは、路面環境がとても悪いハードなコースです。それに比べると日本のコースはずっとイージーなので、よりよいタイムにチャレンジします」

昨年の三大駅伝にフル出場を果たした創価大学の映像をケニア出身のリーキー・カミナと一緒に鑑賞《かんしょう》した。

「自分もこのチームで一緒に走れることがとてもうれしく、ワクワクしました」

上りが続く厳しいコースを走るのが得意だ。先輩のフィリップ・ムルワのようにレースで大活躍することを夢見ながら、リーキーとともに今日も練習に打ちこむ。

【主務】吉田 正城 よしだ まさしろ（4年）

かつてシード校を目指していた創価大学は、いまや「総合3位以上」を目標に掲《かか》げる強豪校《きょうごうこう》へと急成長した。

「この3年間、マネージャーとして経験したことを後輩たちに託《たく》していきます」

白馬寮では、関西創価高校時代から一緒だった志村健太《しむらけんた》主将と同部屋だ。

「部屋ではチームの現状について話し合ったり、その日にあったことなどを意見交換しながら、日々課題を解決しています。お互い責任が重く、ストレスを抱《かか》える立場ですが、その二人が同部屋で暮らすことでうまくストレスを解消し、リラックスできる流れがつくれています」

チームサポート（選手兼マネージャー）のメンバーも、主力選手と一緒に長い距離を走りこむのが創価大学の特徴だ。

『サポートメンバーに負けていられない』と、チーム全体にプラスの化学反応が生まれてきました。選手目線での声かけを続け、箱根駅伝を全力で支《ささ》えます」

2015年9月、国連サミットで「持続可能な開発のための2030アジェンダ」が採択《さいたく》された。

各国の政府や国際機関だけでなく、大学や学術機関、NPOや市民社会まで皆で協力しなければ、地球温暖化や気候変動、環境問題といった難しい課題には対処できない。

創価大学では、2019年4月に「SDGs推進《すいしん》センター」を開設。教職員と学生全員によるSDGsへの取り組みを行い、駅伝部もさまざまな取り組みを実践している。

駅伝部のSDGsアクションについて、森下治《もりしたはる》・寮長に訊《き》いた。

column

駅伝部の SDGsアクション

地域から愛される駅伝部の清掃活動

2022年6月、駅伝部の新しい牙城《がじょう》となる新・白馬寮が完成。

「従来《じゅうらい》の白馬寮は大学の敷地《しきち》内にあったのですが、新しい寮は敷地の外（谷野《やの》街道沿い）にあります。公道でジョギングすることも多く、地域の方と顔を合わせる機会が以前よりも増えました。応援してくださる方々に恩返しできるよう、寮の周辺地域のごみ拾《ひろ》いや地域の美化《びか》運動に協力しています」

夏場になると、日光と雨水の恩恵を受けた雑草がたちまち背丈《せたけ》を伸ばす。路傍《ろぼう》に雑草が大量に生《お》い茂《しげ》っていると、練習中のメンバーと住民がすれ違うときに車道に出ることもあり、交通事故の危険が生じる。こうしたことから、歩道回りの雑草をきれいにする駅伝部の清掃活動は、とても喜ばれている。

「練習中、地域の方々から『いつも頑張っているね』とか『創大、頑張れ！』と声をかけていただきます。『あそこの空き家にスズメバチの巣《す》がある。危ないから近くで走らないほうがいいよ』と、親切に地図を書いて教えてくださった方もいました。応援していただいていることを感じると、ますます練習に熱が入ります」

寮長　森下治（4年）

使わないシューズを学内でリサイクル

駅伝部の取り組みはほかにもある。使わなくなったシューズのリサイクルだ。どんなシューズでも、〝走ってみたら自分の足にうまくフィットし

定期的に近隣のゴミ拾いをする駅伝部員

ない〟ことがある。足に合わないシューズを無理して履《は》き続ければ、ケガや故障のもとになるため、履かなくなったシューズを回収し、学内で必要としているクラブなどに提供しているのだ。

「新品同様のものも多くあり、皆さんに喜んでもらっています」

リサイクルはシューズだけではない。

「卒業していく先輩が競技用ウェアやトレーニングウェアを捨てずに残し、後輩たちが自由に使えるようにしています。あこがれの先輩が使っていたウェアで練習に取り組むと、モチベーションが上がります」

創立50周年を迎《むか》えた創価大学は「価値創造《かちそうぞう》を実践する『世界市民』を育《はぐく》む大学」というビジョンを掲《かか》げている。人まかせの態度では、地球的規模でSDGsをダイナミックに推進することはできない。まずは身近なところから、自分たちのできることに取り組む。駅伝部が進める地域貢献《こうけん》やリサイクル運動は、まさにSDGsへの第一歩だといえるだろう。

使わなくなったシューズも有効活用

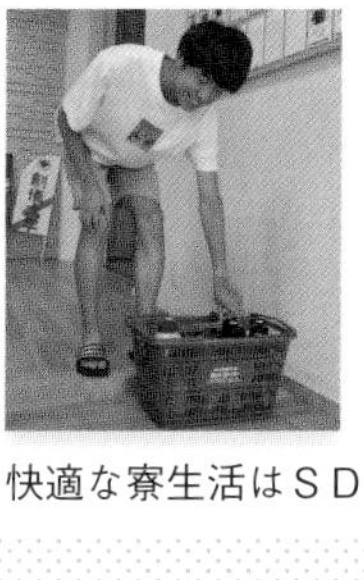

快適な寮生活はＳＤＧｓの精神に満ちている

ウェアもリユース。先輩のウェアを身につけることでモチベーションが上がる（写真は市原利希也・前寮長）

山森班

前列左から、
細田峰生、佐藤和、
清川咲、川田聖真、
後列左から、
黒木陽向、吉田凌、
山森龍暁、野田崇央

上杉班

前列中央が
若狭凜太郎、
後列左から、
藤ノ木丈、安達隆志、
吉田正城、織橋巧、
上杉祥大、梶原優利

有田班

左上から時計回りに、
リーキー・カミナ、
新家蒼吾、齊藤大空、
久光康太、有田伊歩希、
スティーブン・ムチーニ

躍進する創価大学駅伝部

両親が語る

熱き激走の舞台裏

葛西 清・乃り美 夫妻

創価大学駅伝部のエースとして、4年連続で箱根路を走った葛西潤さん――。ケガや故障に苦しみ、長期《ちょうき》離《り》脱《だつ》した時期もある。また、最後の箱根駅伝（第99会大会）は、直前に左脛《ひだりすね》を疲労骨折し、それを押しての出場であった。両親は、どんな思いで彼の奮闘《ふんとう》を見守ってきたのだろうか。

進路を巡る親子の葛藤を乗り越え、関西創価へ

2023年の新春。箱根駅伝（第99回大会）で区間賞に輝《かがや》く力走を見せ、日本中を沸かせた葛西潤さん（現・旭化成《あさひかせい》陸上部）――。19年に創価大学駅伝部に入部以来、4年連続で箱根路を走ったチームのエースであった。同駅伝部は20年（第96回大会）からシード権を勝ち取っているが、間違いなくその原動力となった1人である。

幼いころの潤さんは、「無口すぎて心配になるほど」だったというが、運動神経は抜群《ばつぐん》だった。

「潤の子どものころの夢はサッカー選手でしたね。サッカーも野球もやっ

葛西 清 かさい きよし

1967年愛知県生まれ。県立名南工業高等学校（現・名古屋工科高等学校）卒業後、トヨタ自動車に入社。今日までエンジニアとして勤務。

葛西 乃り美 かさい のりみ

1965年愛知県生まれ。県立緑丘商業高等学校（現・緑丘高等学校）卒業。96年に結婚した夫とともに、二男一女を育て上げる。現在は、介護職として働きながら、朗らかな地域のリーダーとして信頼を集めている。愛知県名古屋市在住。

取材・文／前原政之　写真／亀山城次　月刊陸上競技

ていました。陸上を選んだのは、年齢の近い姉と兄が2人とも陸上をやっていたので、その影響が大きかったと思います」

中学から本格的に陸上を始め、すでに全中（全日本中学校陸上競技選手権大会）などで頭角《とうかく》を現していた潤さんは、その進学先も注目されていた。関西創価高校陸上部の阿部一也監督は、早い時期から「一緒に都《みやこ》大路《おおじ》（全国高校駅伝）を目指そう」と声をかけていたという。

「潤が全中に出場したときには、阿部先生がわざわざ北海道まで応援に来てくださいました。私たち夫婦は〝3人の子どもたちのうち、1人でも創価の学《まな》び舎《や》に進んでほしい〟と願っていましたので、まだ小さかった3人を連れて東西の創価学園のオープンキャンパスに参加したこともあります」

だが、関西創価に進むには地元から離れての寮生活となる。それもあって潤さんは当初、地元の陸上強豪《きょうごう》校《こう》への進学を希望していた。

「進路を決める最後の最後まで、親子で話し合いを重ねました。進路希望を記入する用紙をテーブルの上に置いて、潤は深夜まで悩んでいました。親子で根比《こんくら》べしているみたいな感じでしたね（笑）」

悩み抜いた末、15歳の潤さんが出した結論は関西創価への進学だった。

高校時代の潤さんは年を追うごとに力を発揮していった。

最も華々《はなばな》しく活躍したのは3年時である。大阪府高校駅伝では、区間新・区間賞の快走を見せ、関西創価の初優勝に貢献。また、初出場の都大路でも最長区間の1区を力走した。さらに、高校生活の掉尾《とうび》を飾る日本選手権クロスカントリーでは、U20男子8キロ㍍で初挑戦・初優勝の快挙《かいきょ》を成し遂《と》げ、全国にその名を知らしめたのである。

関西創価高校入学式で、
母・乃り美さんと

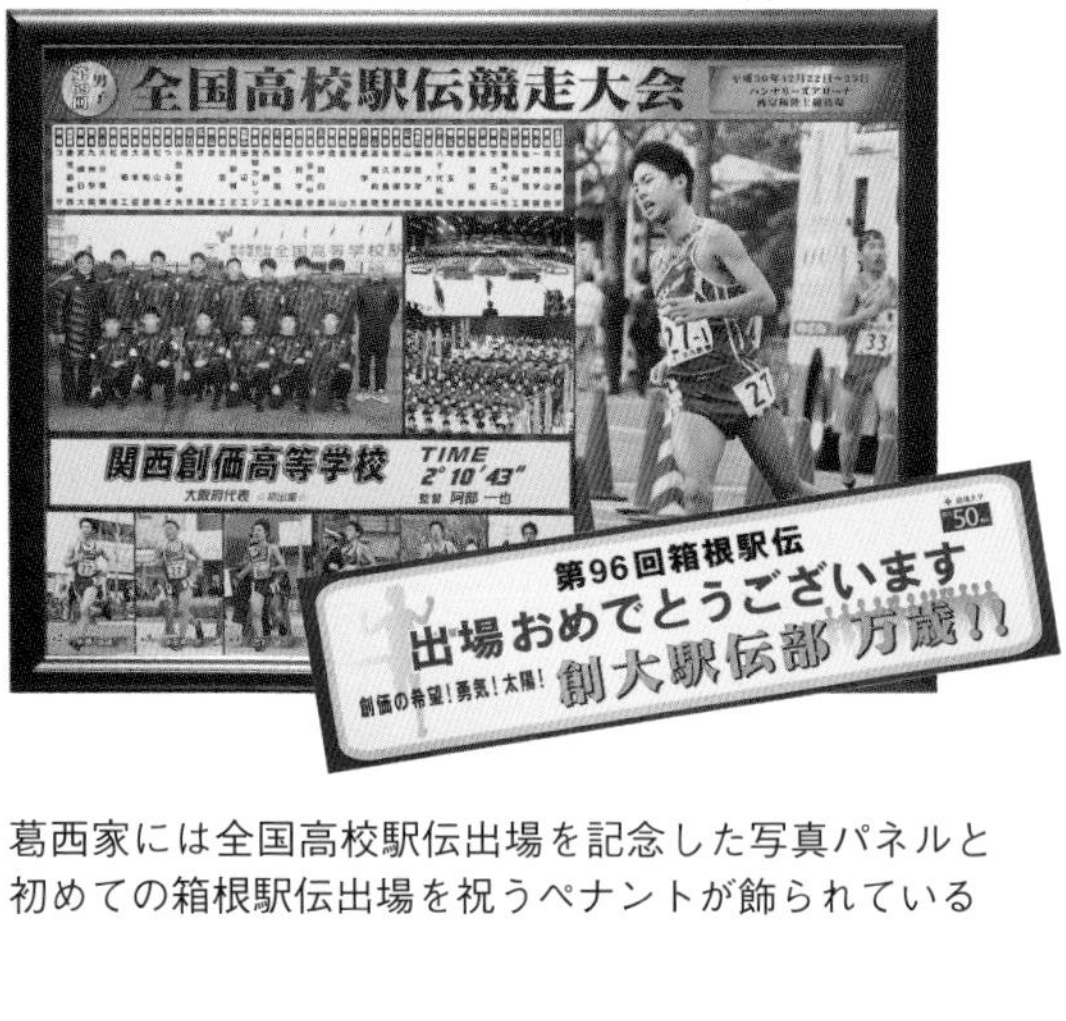

葛西家には全国高校駅伝出場を記念した写真パネルと
初めての箱根駅伝出場を祝うペナントが飾られている

高校3年の2月に行われたU20日本選手権クロスカントリーで優勝。この結果、3月30日にデンマークで行われた世界大会に日本代表として出場した

こうした活躍の最中、駅伝の名門大学からも複数スカウトの声がかかっていた。

「関西創価への進学を決めたとき、交換条件というわけではありませんけど、潤からは『大学は僕の好きなところに行かせてほしい』と言われていました。そんな経緯《いきさつ》があったので、〝創価大学には進学しないかもしれない〟と内心、ヒヤヒヤしていたのですが、潤は自分の意志で創価大学に決めました。当時の瀬上雄然《せがみゆうぜん》監督（現・スカウト編成部長）が、何度も通《かよ》ってきてくださったり、（創大に進学する）関西創価の仲間たちと一緒に頑張っているうちに、気持ちが変わっていったのだと思います」

創価大学駅伝部のスーパールーキーに

高校時代の活躍もあって、大学に入学するやいなや、潤さんはスーパールーキーとして大きな注目を集めた。駅伝部でも、榎木和貴《えのきかずたか》監督のもと、順調に走行距離を踏《ふ》むなど、即戦力となることを期待されていた。

だが、入学当初はまだ気持ちの揺《ゆ》れがあったという。

「潤は創価大学に入学する直前にデンマークで行われた世界クロスカントリー選手権に出場したことで世界に目が向いたようで、『陸上選手として海外で活躍したい』という夢を抱《いだ》くようになったのです。そのために英語を真剣に勉強するようになり、『海外留学してみたい』と言い出したときには、びっくりしました。慌《あわ》てて瀬上総監督（当時）に『潤がこんなことを言っているんですけど』と相談したこともありました」

だが、1年時の10月、箱根駅伝予選会で、創価大学駅伝部は3年ぶり

創価大学入学式で、父・清さんと

3回目の予選突破を果たし、年頭の箱根駅伝（第96回大会）に向けて全国から熱《あつ》い視線《しせん》が送られた。地元・愛知での期待と熱狂《ねっきょう》も、ものすごかったという。

「ほとんど会う人ごとに『潤くん、出るんでしょ？』と言われて、そのつど『いや、それはまだわからないけど……』と答えていました」

期待どおり、潤さんは6区で出《しゅっ》走《そう》。両親は「中継所の1キロ㍍手前くらいで待機《たいき》して」わが子の走りを見守ったという。

初めての箱根駅伝を終えた春休み。潤さんは創価大学から派遣《はけん》され、初めてのケニア合宿に参加。たった一人で現地の練習に合流するなど、充実した練習を積んだ。

「ケニアに行かせてもらったことで、世界のレベルの高さを感じたのではないでしょうか」

足の故障で長期離脱に苦しんだ10カ月間

2年時の箱根駅伝（第97回大会）では3区を任《まか》され、区間3位と力走。この年、創価大学は往路優勝・総合2位の結果を残した。潤さんはそこに大きく貢献した1人である。

しかし、華々しい勝利の陰《かげ》で、このころから潤さんは足底《そくてい》の筋膜炎《きんまくえん》に苦しむことになる。2年生の冬から3年生の夏まで約10カ月間にわたって練習にすら参加できず、長期離脱を余儀《よぎ》なくされた。

「潤は『つらい、苦しい』なんてことは滅多《めった》に言わない子で、いつも飄々《ひょうひょう》としているんです。私たちとはLINE《ライン》でやりとりすることが多いんですが、『練習に参加できないから、時間のあるときに車の免許を取りに行こうかなぁ』とかね（笑）」

ケニアから両親に送られてきたInstagramの写真

両親には決して弱音《よわね》を吐《は》かない潤さんだが、悩んでいたことは、さまざまなメディアのインタビューで明かしている。創価大学駅伝部では各部員の毎月の走行距離をグラフ化して共有しているが、「自分だけ走行距離ゼロの月が続くのがつらかった……」と。

長引く故障で3年時の夏合宿に参

初出場した全日本大学駅伝２区で駒澤大学の佐藤圭汰選手と
壮絶なデッドヒートを繰り広げる（2022年11月6日）

2区で区間賞を獲得し、ゴール地点でメディアに
囲まれ、取材を受ける（三重県・伊勢神宮内宮）

加できなかった潤さんは、その時期を実家で過ごした。

「長女と長男はもう独立していましたので、潤と親子3人水入らずで過ごした日々でした」

ちょうどそのころ、近所に住む高校の後輩・上杉岬《うえすぎみさき》くん（高校3年＝当時）が足を痛めて帰省していた。

「岬くんは潤を慕って関西創価の陸上部に進学しましたが、偶然、同じ時期に足を痛めて実家に帰ってきていました。それで、毎日のように連れ立って地元のプールに通ったり、足に負担をかけない筋トレをしていたようです」

潤さんは後輩に、効果的な体幹の鍛え方を教えるなどのコーチ役も果たしたという。

「あのとき、岬くんがいてくれてよかったです。潤も自分だけでトレーニングしていたら孤独だったと思います。岬くんのお母さんからも『故障で落ち込んでいた息子が、潤くんと一緒にトレーニングするようになって明るくなりました』と言っていただいて……」

つらさや不安を抱《かか》えながらも、後輩を励まし、共に前へ進もうとする潤さんのポジティブな一面がよくわかるエピソードである。

ようやく長期離脱から復帰した潤さんは、3年時の箱根駅伝（第98回大会）では1区で区間15位と苦戦したが、春先からは調子を取り戻し、本領《ほんりょう》を発揮《はっき》。日本選手権クロスカントリー10キロ㍍（22年2月）では、オリンピアン・松枝博輝《まつえだひろき》選手に次いで準優勝、日本学生個人選手権1万㍍（22年6月）では優勝という快進撃《かいしんげき》を見せた。それは、故障を乗り越えたことによってメンタル面が鍛えられた証《あかし》ともいえる。

その後、出雲駅伝2区でも区間新記録を出すなど、完全復活を印象づけた。

また、両親にとって金の思い出となったのは、創価大学が初出場した全日本大学駅伝（愛知・熱田神宮～三重・伊勢神宮）で潤さんが2区を走り、区間新・区間賞に輝いたことだ。

「生まれ育った地域を走る駅伝で、潤が目の前を駆け抜けていく姿を見て、胸が熱くなりました。ラストスパートは、駅伝の走りというより短距離走のような必死の走りでした」

最後の箱根路は 魂の完走で区間賞

師走《しわす》に入り、潤さんにとって大学生活最後の箱根駅伝（第99回大会）が迫《せま》りつつあった。ところが、運命はそこに最後の試練を用意していた。

「箱根駅伝の3週間くらい前に電話がかかってきたんです。いつもならLINEで連絡してくるのに、電話なんてめずらしいな、と思って出たら、『俺、箱根は走れんかもしれん。（応援してもらっているのに）最後の最後に申し訳ない』と涙声で言ったんです」

左脛を疲労骨折したというのだ。泣きながら電話してくるなど、初めてのことだった。

「『まだ3週間あるから、走れないと決まったわけじゃないし、応援しているから』と、可能性を信じて全力で励まし、祈りました」

こうして迎えた箱根駅伝当日

駅伝部の歓送迎会。後輩たちから贈られた色紙を手に同期の新家裕太郎さんと（2023年3月17日　白馬寮の食堂で）

――。復路7区を任された潤さんは、同時期に疲労骨折をし、出走を断念《だんねん》した同期の新家裕太郎《にいなえゆうたろう》さんを自らの「給水係」に指名した。わずか50メートルでも一緒に箱根路を走りたかったからだ。

4年時の箱根駅伝では足の痛みを堪えながら7区を疾走（2023年1月3日）

「潤はケガに苦しんできたからこそ、走れなかった選手の悔《くや》しさがわかるのだと思います」

疲労骨折を抱えながらも魂《たましい》の激走《げきそう》で区間賞を獲得した潤さんの姿は多くの人々に感動を与えた。

現在、潤さんは旭化成陸上部の一員として、新たな戦いに挑《いど》んでいる。

▼箱根駅伝における葛西潤選手の記録

学年	区間	区間タイム	区間順位	チーム総合成績
1年 第96回大会（2020年）	6区	1時間00分25秒	16位	9位
2年 第97回大会（2021年）	3区	1時間02分41秒	3位	2位
3年 第98回大会（2022年）	1区	1時間02分21秒	15位	7位
4年 第99回大会（2023年）	7区	1時間02分43秒	1位（区間賞）	8位

「創価大学の卒業式の日、『親として、やっと肩の荷《に》が下りた』という気持ちになりました。これまで全力で潤の走りを応援してきましたから。でも、旭化成という名門に入れていただいたことで、また新たな緊張感が……。ただ、仕事も競技も、潤はとても楽しいようなので、親として安心はしています」

これまでの子育てを振り返り、両親はしみじみと語る。

「3人の子どもたちは年も近いのに、幼いころから一度もケンカしたことがないくらい、みんな仲がいいんです。わが家はその点、本当に幸せだと思います」

温かい和楽《わらく》の家庭で伸び伸びと育ったからこそ、仲間を思い、自身を鍛える真《しん》の強さが培《つちか》われたのだろう。

選手・スタッフ紹介

4年

上杉《うえすぎ》 祥大《ひろと》

①経営学部 経営学科
②東京都
③都立東大和高校
④やらず後悔よりやって後悔
⑤K-POP、野球
⑥レース当日、起床したときに「今日は走れる」と思い込む
5000PB 13'56"16（2023.4）
10000PB 29'18"60（2021.11）
ハーフPB 64'27（2023.3）

志村《しむら》 健太《けんた》 主将

①文学部 人間学科
②愛知県
③私立関西創価高校
④---
⑤散歩、バカになることが特技
⑥「Greatest Showman」（映画）にある曲を聴く
5000PB 14'12"17（2021.12）
10000PB 29'10"63（2022. 10）
ハーフPB 63'37（2023.1）

桑田《くわた》 大輔《だいすけ》

①文学部 人間学科
②鳥取県
③鳥取県立八頭高校
④深謀遠慮
⑤コーヒーを飲むこと
⑥アップテンポの曲を聴くこと
5000PB 14'02"85（2022.9）
10000PB 28'38"46（2021.11）
ハーフPB 65'17（2021.11）

有田《ありた》 伊歩希《いぶき》

①経済学部 経済学科
②大阪府
③私立大阪高校
④ケ・セラ・セラ（なるようになる）
⑤おいしいものを食べる
⑥モンスターを飲む
5000PB 14'10"64（2022.12）
10000PB 29'32"03（2022.12）
ハーフPB 64'37（2022.11）

溝口《みぞぐち》 泰良《たいら》

①経済学部 経済学科
②長崎県
③私立創成館高校
④最後に愛は勝つ
⑤サッカー観戦、格闘技観戦
⑥ラムネを食べる
5000PB 14'11"27（2021.11）
10000PB 29'12"16（2021.11）
ハーフPB 66'35（2023.3）

石井《いしい》 大揮《だいき》 副主将

①経営学部 経営学科
②岡山県
③私立倉敷高校
④楽しくゆる〜く
⑤サウナ
⑥しっかり食べてしっかり寝る
5000PB 14'08"75（2022.10）
10000PB 29'15"38（2021.11）
ハーフPB 63'45（2023.10）

①学部・学科②出身地③出身高校④モットー・好きな言葉⑤趣味・特技⑥レース前のルーティーン●PB記録（大会実施年月）5000mPB/10000mPB/ハーフPB※2023年10月15日現在

3年

安坂《あさか》 光瑠《ひかる》

①経済学部 経済学科
②長野県
③私立佐久長聖高校
④You‘ll never walk alone
⑤釣り、サッカー観戦
⑥1週間前から菓子禁止
5000PB 14’15”11（2021.11）
10000PB 29’50”35（2021.10）
ハーフPB 65’54（2022.1）

望月《もちづき》 遥平《ようへい》 学年主任

①文学部 人間学科
②静岡県
③私立御殿場西高校
④今チームええかんじやねん
⑤DJ、仲間とチル
⑥横揺れダンス
5000PB 14’43”62（2020.12）
10000PB 31’24”45（2022.2）
ハーフPB 76’42（2022.11）

小暮《こぐれ》 栄輝《えいき》

①文学部 人間学科
②栃木県
③私立樹徳高校
④やる気 元気 栄輝
⑤アニメ鑑賞
⑥甘いものを食べる
5000PB 13’55”24（2023.6）
10000PB 28’50”73（2022.11）
ハーフPB 62’18（2023.2）

森下《もりした》 治《はる》 寮長

①経済学部 経済学科
②鹿児島県
③鹿児島県立屋久島高校
④やって後悔しないこと
⑤絵を描くこと、動画を作成すること
⑥音楽を口ずさむ
5000PB 14’19”64（2023.9）
10000PB 29’36”24（2021.12）
ハーフPB 64’51（2023.1）

西森《にしもり》 燎《あきと》

①経済学部 経済学科
②兵庫県
③香川県立小豆島中央高校
④気迫と闘志
⑤映画や動画を見る、おいしいものを食べる、スニーカー
⑥うどんを食べる
5000PB 14’30”39（2022.12）
10000PB ----
ハーフPB 67’54（2023.3）

山下《やました》 唯心《ゆいと》

①経営学部 経営学科
②岐阜県
③岐阜県立斐太高校
④人にやらされた練習は努力とは言わない
⑤釣り
⑥ポケモンOPのXY＆2を聴いて心を燃やす
5000PB 14’13”23（2021.7）
10000PB 29’46”71（2023.2）
ハーフPB 64’42（2023.1）

野田《のだ》 崇央《たけちか》

①経営学部 経営学科
②熊本県
③私立開新高校
④憧れで終わらせない
⑤音楽鑑賞、動画鑑賞
⑥好きな曲を聴く
5000PB 14’11”34（2023.5）
10000PB 29’20”59（2021.11月）
ハーフPB 62’47（2022.1）

山森《やまもり》 龍暁《りゅうき》

①経営学部 経営学科
②福井県
③福井県立鯖江高校
④本当に大切なことはひとつしかない。今、自分に何ができて、何ができないかだ。
⑤趣味マンガ、特技ランニング
⑥いつも通りのことをする
5000PB 13’49”59（2023.9）
10000PB 28’27”21（2023.4）
ハーフPB 63’15（2023.6）

濱口《はまぐち》 直人《なおと》 学年主任

①文学部 人間学科
②神奈川県
③私立相洋高校
④命を削る
⑤エゴサーチ、謎解き、最近は麻雀
⑥前日にうどんを食べる、好きなアイドルの曲を聴く（とくに乃木坂46の「三番目の風」）
5000PB 14’07”01（2023.9）
10000PB 30’39”68（2023.2）
ハーフPB 66’16（2023.3）

吉田《よしだ》 悠良《ゆら》

①経済学部 経済学科
②宮城県
③宮城県立利府高校
④やらぬ善よりとんかつ御膳
⑤ヒーロー
⑥同期の有田とモンスタイム
5000PB 14’08”32（2020.11）
10000PB 29’16”15（2022.11）
ハーフPB 63’44（2023.3）

石丸《いしまる》 惇那《じゅんな》

①経済学部 経済学科
②鹿児島県
③私立出水中央高校
④挫折で学ぶ
⑤ドラマ、映画、お笑いを見ること
⑥いつも通りにする、ジュースやお菓子を食べない
5000PB 13'45"74 (2023.9)
10000PB 28'46"37 (2022.11)
ハーフPB 62'59 (2023.1)

黒木《くろき》 陽向《ひなた》 学年主任

①経営学部 経営学科
②熊本県
③私立九州学院高校
④楽しむ！
⑤映画鑑賞、サッカー
⑥RADWIMPSとミセスグリーンアップルを聴く
5000PB 13'58"68 (2023.4)
10000PB 29'40"26 (2022.10)
ハーフPB 63'15 (2022.11)

竹田《たけだ》 康之助《こうのすけ》

①経営学部 経営学科
②北海道
③私立東海大付属札幌高校
④1日3食
⑤趣味は食べ物を食べること
⑥勝負飯は親子丼
5000PB 14'21"54 (2023.5)
10000PB 29'37"15 (2023.5)
ハーフPB 64'45 (2023.3)

中村《なかむら》 拳士郎《けんしろう》

①文学部 人間学科
②鳥取県
③私立鳥取城北高校
④マイペース
⑤マンガ
⑥レース前日に試合で着るウェアを専用の洗剤ですべて洗濯する
5000PB 14'23"00 (2022.5)
10000PB ----
ハーフPB 75'25 (2022.11)

野沢《のざわ》 悠真《ゆうま》

①経済学部 経済学科
②宮城県
③宮城県立利府高校
④一意専心
⑤ゲーム、走ること
⑥音楽を聴くこと
5000PB 14'11"91 (2023.4)
10000PB 28'47"63 (2023.4)
ハーフPB 62'45 (2023.1)

藤ノ木《ふじのき》 丈《じょう》

①経営学部 経営学科
②新潟県
③新潟県立十日町高校
④奇跡を待つより捨て身の努力
⑤アニメ鑑賞、音楽鑑賞
⑥前日に甘いものを食べる
5000PB 14'03"98 (2023.4)
10000PB 29'11"29 (2022.12)
ハーフPB 65'24 (2022.11)

吉田《よしだ》 響《ひびき》

①経済学部 経済学科
②静岡県
③私立東海大付属静岡翔洋高校
④独立独歩
⑤音楽を聴く（ちゃんみな、4s4ki）
⑥コーヒーと大福を食べる、EDMを聴く
5000PB 13'59"44 (2023.6)
10000PB 28'59"50 (2022.6)
ハーフPB 63'18 (2022.10)

吉田《よしだ》 凌《りょう》

①経済学部 経済学科
②福島県
③私立学法石川高校
④克己心
⑤温泉（サウナ）
⑥いつも通り
5000PB 13'51"66 (2023.9)
10000PB 28'41"28 (2021.11)
ハーフPB 63'07 (2022.1)

若狭《わかさ》 凜太郎《りんたろう》

①経済学部 経済学科
②石川県
③私立遊学館高校
④他人に流されない
⑤ゲーム、ラブライブのグッズ集めと聖地巡礼
⑥ラブライブの曲を聴く
5000PB 13'59"98 (2023.4)
10000PB 29'11"27 (2022.12)
ハーフPB 63'51 (2023.10)

リーキー・カミナ

①経済学部 経済学科
②ケニア
③チョメ高校
④Work towards your destiny
⑤踊ること
⑥映画を観ること、バナナと牛乳を摂取すること
5000PB 13'30"54 (2023.9)
10000PB 27'50"66 (2023.4)
ハーフPB 62'31 (2022.10)

1年

池邊《いけべ》 康太郎《こうたろう》 学年主任

①教育学部 教育学科
②熊本県
③熊本県立熊本工業高校
④冷静かつ大胆に
⑤読書、早寝早起き
⑥Red Bullを飲む
5000PB 14'19"08（2023.9）
10000PB 31'19"02（2023.6）
ハーフPB 70'39（2023.10）

三坂《みさか》 佳賞《よしたか》

①法学部 法律学科
②鹿児島県
③私立樟南高校
④自分が納得した生き方をする
⑤スポーツ
⑥とくになし
5000PB 14'24"83（2023.4）
10000PB 30'50"28（2022.1）
ハーフPB 67'34（2023.3）

大岩《おおいわ》 準《じゅん》

①文学部 人間学科
②愛知県
③私立愛知高校
④やるか、やらないか
⑤野球観戦
⑥「ピーターパン」(優里)という曲を聴いて気分を上げる
5000PB 14'25"90（2021.12）
10000PB ----
ハーフPB 68'38（2023.10）

山下《やました》 蓮《れん》

①経済学部 経済学科
②長崎県
③私立鎮西学院高校
④他力本願
⑤カラオケ
⑥アナーキーの曲を聴くとテンションが上がる
5000PB 14'09"07（2023.6）
10000PB 29'13"72（2022.12）
ハーフPB 63'22（2022.11）

大橋《おおはし》 清陽《きよはる》

①経済学部 経済学科
②福島県
③私立学法石川高校
④楽しむ
⑤ゲーム、アニメ鑑賞
⑥アミノバイタルのゼリーを飲んで切り替える、ハマっている曲を大音量で聴く
5000PB 14'32"84（2022.10）
10000PB 31'55"47（2022.7）
ハーフPB ----

岡野《おかの》 智也《ともや》

①文学部 人間学科
②埼玉県
③私立埼玉栄高校
④まだまだ努力が足りていない
⑤音楽を聴くこと
⑥カステラを食べる、「The Power」(THE RAMPAGE)という曲を聴く
5000PB 14'39"55（2023.6）
10000PB ----
ハーフPB ----

織橋《おりはし》 巧《たくみ》

①経済学部 経済学科
②岐阜県
③私立中京高校
④妥協無し
⑤野球をする、観る
⑥「あつまれ！パーティーピーポー」(ヤバイTシャツ屋さん)という曲を聴く
5000PB 13'52"71（2023.7）
10000PB 29'09"64（2023.7）
ハーフPB ----

新家《にいなえ》 蒼吾《そうご》

①文学部 人間学科
②大阪府
③私立大阪高校
④Be Yourself
⑤良い天気の日に昼寝
⑥Saucy Dogの曲を聴く
5000PB 14'31"25 (2022.6)
10000PB ----
ハーフPB ---

川上《かわかみ》 翔太《しょうた》

①経営学部 経営学科
②千葉県
③船橋市立船橋高校
④自分らしく
⑤マンガを読むこと
⑥深呼吸
5000PB 13'56"21 (2023.9)
10000PB 31'19"78 (2021.12)
ハーフPB ----

根上《ねがみ》 和樹《かずき》

①経営学部　経営学科
②静岡県
③私立御殿場西高校
④できるまでやればできる
⑤ゲーム
⑥カステラを食べる
5000PB 14'17"71 (2023.9)
10000PB ----
ハーフPB 71'39 (2023.10)

川田《かわだ》 聖真《せいま》

①経済学部 経済学科
②福島県
③私立学法石川高校
④諦めたらそこで試合終了
⑤アニメ鑑賞、ゲームをすること、ヲタ芸を踊れる
⑥「キミノヨゾラ哨戒班」「空奏列車」(Orangestar)を聴く
5000PB 14'06"83 (2023.9)
10000PB 30'27"77 (2023.6)
ハーフPB 67'24 (2023.10)

細田《ほそだ》 峰生《ほうせい》

①経済学部 経済学科
②福井県
③福井県立鯖江高校
④置かれた場所で咲け、何かの縁があったんだから
⑤NBA観戦
⑥カラオケの曲を聴く
5000PB 14'29"13 (2022.10)
10000PB ----
ハーフPB 68'27 (2023.10)

小池《こいけ》 莉希《りき》

①教育学部 児童教育学科
②長野県
③私立佐久長聖高校
④実るほど頭を垂れる稲穂かな
⑤服を買う、たくさん話をすること
⑥B'zの音楽を聴くと気分が上がる
5000PB 13'34"82 (2023.9)
10000PB 29'23"86 (2023.7)
ハーフPB ----

スティーブン・ムチーニ

①経済学部 経済学科
②ケニア
③ミクユニ高校
④I will do all mybest.
⑤曲を聴くこと
⑥新聞を読むこと、音楽を聴くこと
5000PB 13'28"97 (2023.6)
10000PB 28'05"98 (2023.4)
ハーフPB ----

齊藤《さいとう》 大空《そら》

①経営学部 経営学科
②北海道
③宮城県立利府高校
④勇往邁進
⑤スマホで映画を観ること
⑥フルーツゼリーを食べる
5000PB 13'52"87 (2023.9)
10000PB 29'21"24 (2022.11)
ハーフPB ---

篠原《しのはら》 一希《かずき》

①経済学部 経済学科
②山梨県
③私立山梨学院高校
④人よりプラスで練習する、報われるまで努力する
⑤アニメ、ゲーム
⑥YouTubeで陸上の動画を観る
5000PB 14'34"12 (2021.5)
10000PB 31'07"08 (2020.10)
ハーフPB 68'03 (2023.10)

マネージャー・チームサポート

3年

岩本《いわもと》 信弘《のぶひろ》

①経済学部 経済学科
②熊本県
③私立九州学院高校
④チームに必要な存在になる
⑤ポイント対応
⑥人に優しく、自分にはもっと優しく

榎木《えのき》 真央《まひろ》 副務

①経営学部 経営学科
②宮崎県
③私立宮崎日大高校
④選手のサポートをしたいと思ったから
⑤選手のデータ管理の責任者
⑥4年間苦しいこともたくさんあると思うが、全員で楽しみながら目標達成に向けて頑張る

樋渡《ひわたし》 雄太《ゆうた》

①経済学部 経済学科
②愛知県
③私立名経大高蔵高校
④何か一つでもチームのために行動し、箱根駅伝を一緒に戦いたかったから
⑤タイム計測、給水、動画撮影
⑥細かなところまで気を使い、率先して動きます

諸石《もろいし》 明日花《あすか》

①文学部 人間学科
②兵庫県
③私立飛鳥未来高校
④さまざまな人に勇気や希望を届ける創大駅伝部にあこがれ、部の力になりたいと思ったから
⑤公式ホームページ・年間試合予定表の作成などの事務作業
⑥少しでもチームの力になれるよう、まずは自身が成長していきます

4年

吉田《よしだ》 正城《まさしろ》 主務

①経営学部 経営学科
②京都府
③私立関西創価高校
④大勢の人を幸せにしたいから
⑤学連とのやりとり、取材対応、適材適所の仕事を割り振る
⑥人として成長する！ 一番輝いているメダルの獲得！

久光《ひさみつ》 康太《こうた》 副主将

①経営学部 経営学科
②熊本県
③私立九州学院高校
④応援したくなる選手が多くいるから
⑤故障者管理
⑥全力で選手をサポートします

梶原《かじわら》 優利《ゆり》 副務

①教育学部 教育学科
②兵庫県
③兵庫県立加古川東高校
④中学3年生のときに見た箱根駅伝で創大駅伝部の走りに感動し、今度は自分が選手のサポート側に回って感動を届けたいと思ったから
⑤SNS運営（主に「X」）、自己ベスト表作成・管理
⑥ラストイヤー、全力でサポートし、皆さんに恩返しができるよう、頑張ります

清川《きよかわ》 咲《さき》 女子マネ主任

①文学部 人間学科
②大阪府
③大阪市立東高校
④人のために全力で行動できる人間になりたいと思ったから
⑤ホームページ、会計、差し入れ対応
⑥先を見通した行動ができる超一流のマネージャーになる

①学部・学科②出身地③出身高校④志望動機⑤担当業務・役割⑥抱負

スタッフ

部長
篠宮 紀彦

監督
榎木 和貴

ヘッドコーチ・寮監
久保田 満

コーチ
築舘 陽介

スカウト編成部長
瀬上 雄然

2年

安達《あだち》 隆志《たかし》

①経済学部 経済学科
②愛知県
③私立関西創価高校
④同期の頑張りを近くで支えたいと思ったから
⑤給水、計測、ドリンク作り、マネージャーの補助
⑥チームにとって欠かせない存在になる！

石橋《いしばし》 さくら

①教育学部 児童教育学科
②神奈川県
③私立平塚学園高校
④箱根駅伝で地元・平塚を走っている選手たちがさまざまな思いを持って走っていることを知り、近くで応援し、サポートしていきたいと考えるようになったから
⑤練習対応、SNS運営、練習結果をまとめる
⑥駅伝部の活動を力に変えて日々の授業に取り組み、幼稚園の先生になる夢を実現します！

1年

佐藤《さとう》 和《なごみ》

①教育学部 教育学科
②山形県
③私立S高校
④創大駅伝部のマネージャーが選手と一緒に強いチームを作っていく姿にあこがれたから
⑤給水、練習報告ノート作成、動画撮影
⑥選手が集中して競技に取り組めるように、広い視野をもって精いっぱいサポートしていきます。一つひとつのことを丁寧に、確実に行っていきます。

志賀《しが》 華姫《はづき》

①教育学部 児童教育学科
②大阪府
③私立東海大付属大阪仰星高校
④箱根駅伝で創価大学の粘り強い走りを見て感動したから
⑤給水、動画撮影、ポイント練習報告ノート作成
⑥常に成長し続けるマネージャーになります。

水町《みずまち》 彩乃《あやの》

①教育学部 児童教育学科
②福岡県
③福岡県立福島高校
④襷をつなぐために必死に走る選手の皆さんに何度も勇気をもらった経験から、マネージャーとして携わりたいと思ったので
⑤給水、動画撮影、練習報告ノート作成
⑥チームに必要とされるマネージャーに成長し、駅伝部を応援してくださっている方々や家族、これまでお世話になった方々に恩返しできるよう、精いっぱい頑張ります。

①学部・学科②出身地③出身高校④志望動機⑤担当業務・役割⑥抱負